In diesem »Standardwerk für alle an ›unspezifischen Rücken-schmerzen‹ Leidenden« (Die Welt) schreitet ein Gekrümmter erzählerisch die Stationen seines Leidens ab. Einer, der gestern noch wie Atlas den Globus auf den Schultern trug, aber heute den Koffer nicht mehr ins Netz wuchten kann, kommt bei seiner Liebsten nicht mehr von der Bettkante. Tilman Speng-ler begründet mit seinen Erzählungen eine »neue Rücken-schule«. Nicht Gymnastik hilft, die Last der Welt zu ertragen, sondern Literatur. 24 Geschichten, die das Rückgrat stärken.

Tilman Spengler, 1947 in Oberhausen geboren, war mehrere Jahre am Max-Planck-Institut für Sozialwissenschaft tätig und Mitherausgeber des *Kursbuch*. Er schreibt für *Die Zeit* und die *Süddeutsche Zeitung*. Tilman Spengler lebt am Starn-berger See und in Berlin.
Außerdem bei BvT erschienen: *Lenins Hirn* (2003), *Das Glück wartet draußen vor der Stadt: Reportagen und Erzählungen aus China* (2005), *Meine Gesellschaft* (2005) und *Der Maler von Peking* (2006).

Tilman Spengler

Wenn Männer sich verheben

Eine Leidensgeschichte in 24 Wirbeln

Berliner Taschenbuch Verlag

Die Personen,
die auf den folgenden Seiten auftreten,
haben jeweils mehrere Vorbilder –
mit einer Ausnahme: Lena.

Oktober 2011
© 2003, 2011 Bloomsbury Verlag GmbH, Berlin
Umschlaggestaltung: Rothfos & Gabler, Hamburg
Druck und Bindung: CPI – Clausen & Bosse, Leck
Printed in Germany
ISBN 978-3-8333-0763-8

www.bloomsbury-verlag.de

B L O O M S B U R Y
LONDON · BERLIN · NEW YORK · SYDNEY

Inhalt

Der neue Herr

»Ich bin dein neuer Herr«, sagte der Schmerz, als er sich vorstellte. »In Zukunft wirst du keine anderen Herren mehr neben mir haben.«

Der Schmerz hatte keine Gestalt, nur einen Griff und eine klare Aussprache. Der Griff packte mich kurz oberhalb meines Beckens, seine Festigkeit erinnerte an meinen Turnlehrer aus der Schulzeit. Der Kommandoton übrigens auch.

Das Treffen fand an einem Morgen statt. Weil ich später so häufig aufgefordert wurde, mich an diese erste Begegnung zu erinnern, weiß ich noch genau, daß die Temperaturen damals in Ambach den Durchschnittswerten der Jahreszeit entsprachen. Der Futon, auf dem ich geschlafen hatte, war erst vor einem halben Jahr erneuert worden. Freunde versicherten mir, daß ich den Abend zuvor »eher gelöst« am Wirtshaustisch von einem Hamburger Chefredakteur erzählt hätte, welcher sich angeblich sein Schuhwerk aus der Haut seiner Mitarbeiter anfertigen ließ. Das habe sich aber durchaus im Rahmen meiner sonstigen Anekdoten bewegt. Sorgen schien ich mir deswegen nicht gemacht zu haben.

In diesem Wirtshaus hatte ich teils gesessen, teils gestanden. Teils gestanden, teils gesessen hatte ich auch tagsüber. In meinem Arbeitszimmer wechsle ich von einem Stehpult zu zwei Schreibtischen, je nachdem, wo das Telefon klingelt, abhängig auch davon, wo mir gerade nichts einfällt.

Weil auch diese Frage erörtert werden muß: Nein, ich hatte die Nacht allein verbracht. Es war also nicht zu Ausschweifungen gekommen, die als gymnastische Belastung gedeutet werden könnten. Kenner meines Liebeslebens hätte das ohnehin überrascht. Belegbar ist, daß ich vor dem Einschlafen noch in Fontanes *Frau Jenny Treibel* gelesen habe, eher eine milde Lektüre, die ich zudem in der handlichen Taschenbuchausgabe zu mir nahm. Und dann, nach dem Erwachen, der Schmerz. Ein offenbar wild entschlossener Gesell, der mir verbieten will, das Bett zu verlassen, einen Socken über den Fuß zu streifen, mich über das Waschbecken zu beugen, ganz zu schweigen von intimeren Verrichtungen.

Dieser Schmerz schien mich gut zu kennen – jedenfalls wußte er auf alle Fluchtbewegungen eine Antwort –, so daß in mir der Verdacht keimte, es handle sich um einen alten Bekannten. Genauso sprach er auch zu mir, weswegen ich ihn zunächst nicht ernster nahm als andere alte Bekannte: Kollegen, Schnorrer, Anlageberater, Lektoren oder den Weinhändler. (Will damit sagen: Euch, Freunde, nehme ich *auch* ernst, doch ich weiß meistens, wie ich mit euch umgehen kann.)

Daß der Schmerz mich kannte, bedeutete natürlich überhaupt nicht, daß er mir, umgekehrt, genauso vertraut vorkam. Als Kind war mir körperlicher Schmerz ein aufgeschlagenes Knie, die Backpfeife eines Lehrers, der Rempler auf dem Pausenhof. Später präsentierte er sich als das Ergebnis sportiven Übermuts, er nannte sich Turnfieber oder Seitenstechen, Bänderdehnung oder Prellung, samt und sonders Begriffe, die etwas Robust-Pausbäckiges ausdrückten, ein Sicherzürnen des

Körpers über eine ihm zugefügte Kränkung, heftig, doch entschuldbar.

Was mich an diesem Morgen traf, hatte dagegen das unerbittlich Mausgraue eines Vollzugsbeamten. »Ich bleibe jetzt so lange bei dir, bis …«, ja, bis was? Gibt es einen Ablaßzettel? Kann ich eine Überweisung tätigen lassen? Ein Schuldgeständnis ablegen?

Ich versuchte auch, ihm die Zunge herauszustrecken. Wenn man schon entwürdigt wird, bleibt ohnehin nur noch das höhnische Gelächter. Na ja, Gelächter nicht gerade, das tat weh. Aber wenn ich mich mucksmäuschenstill hielt, konnte ich meinen Widersacher immerhin auf läppische Art und Weise abwehren.

Die Gemütskunde nennt derartige Reaktionen »Flucht in die Verkindlichung«. Das wäre mir egal gewesen, hätte ich damit Erfolg gehabt. Ich erinnere mich allerdings noch deutlich an mein Erstaunen, gleichzeitig Kind *und* Greis geworden zu sein. Auf dem Weg zum Telefon war ich jedoch eindeutig im Krabbelalter. Vielleicht auch in einer frühen Phase der Evolution des Menschen, irgendwann zwischen Schildkröte und Lurch.

Für den Hausarzt lautete dagegen die Zeitbestimmung: »Männer in Ihrem Alter«, ein Ausdruck, der mich wie mit der Pinzette in eine Sammlung einfügte. Anschließend redete er von Spritzen, von Übergewicht, von warmen Bädern und von seelischer Belastung. Seine Stimme verbreitete einen aquarellhaften Optimismus.

»Und was fehlt mir?« fragte ich, begierig, den Namen des Schmerzes kennenzulernen.

»Diagnosen am Telefon sind stets heikel«, sagte der Hausarzt. »Wenn Sie jedoch auf eine Vermutung Wert legen, würde ich wohl von einem klassischen Fall von LWS-Syndrom reden.«

Seit meiner Studentenzeit hasse ich Verkündigungen, die in der Form des Konditionalsatzes im Konjunktiv II vorgetragen werden. Andererseits tröstete es mich, daß der Arzt, fast männerbündlerisch, eine Kurzform gewählt hatte, die mich in den Kreis der Eingeweihten aufnahm. Das Kürzel »LWS« erinnerte mich zunächst nur an eine Bausparkasse. Die Lösung »*L*enden*W*irbel*S*äulen-Syndrom« dämmerte mir erst beim Weg zurück zur Bettstatt.

»Ich wollte dich ›Knick‹ nennen«, erklärte ich dem Schmerz, nachdem ich endlich ins Bett gefunden hatte, »doch jetzt kenne ich deinen wahren Namen. Fortan bist du deiner Anonymität entkleidet.« Wie immer, wenn ich mir zu ernsthaft vorkomme, mußte ich lachen. Es kam aber nur zum Keuchen.

Auch diese Runde ging an den Schmerz.

Zweiter Wirbel
Im Abteil

Die alte Dame und das kleine Mädchen, von dem wir seit rund hundert Bahnkilometern wußten, daß es sich um die Enkelin handelte, würden, soviel stand fest, in Würzburg das Abteil verlassen. Unser Zugbegleiter, eine straffe Erscheinung, die »Schaffner« zu nennen schon der gewandte Umgang mit Taschenrechner und tragbarem Fernsprechgerät verbot, hatte den beiden Frauen Anschlußzüge und die entsprechenden Bahnsteige genannt. Als günstig wurde ein Personennahschnellverkehrszug Richtung Randersacker empfohlen, es verkehre aber auch ein Bahnbus, dessen spätere Abfahrt durch eine frühere Ankunft wieder wettgemacht werde. Wobei allerdings die Beschwernis einer Busfahrt gegen die Bequemlichkeit einer Reise im Zug aufzurechnen sei, er, der Zugbegleiter, rate unter diesen Umständen …

Das kleine Mädchen hatte bis dahin konzentriert ein Silbenrätsel auszufüllen versucht, in welchem es offenbar um Begriffe aus der Paläontologie ging. Geredet hatte sie nur mit sich selbst, fast tonlos und ohne von ihrem Heft aufzublicken: »Ausgestorbene Kriechtierordnung« oder »Hornförmiger Auswuchs«. Dann leckte sie kurz an ihrem Bleistift und drückte dessen Spitze auf das Papier. Die Herren im Abteil hatten dazu von ihren Zeitungen aufgeblickt und milde geschmunzelt.

»Alles klar«, sagte der Zugbegleiter und hatte die Hand schon am Riegel der Tür, als das kleine Mädchen mit der befeuchteten Spitze seines Bleistifts auf die Gepäckablage zeigte. »Und was wird aus unserem schweren Koffer?« fragte sie mit begehrlich schriller Stimme. Hinter ihren Brillengläsern funkelten grünliche Augen.

Vielleicht lag es an dieser Frage, vielleicht an der beiläufig scherzhaften Antwort des Uniformierten, der sagte, die »Kleine« brauche sich keine Sorgen zu machen, »bei so vielen Kavalieren um sie herum«, und der dann sehr hastig die Türe schloß. Jedenfalls änderte sich die Stimmung im Abteil, als sei der Klimaanlage plötzlich ein tückischer Mistral entströmt.

Als erster reagierte der Mann mit den scharf gebügelten Jeans unter der Wirtschaftszeitung. Da er direkt neben dem Mädchen saß, konnte er sofort das Objekt abschätzen, auf das die Bleistiftspitze der jungen Nachbarin gedeutet hatte. Als seine Zeitung niedersank, blickte ich in das milde, fränkisch geschnittene Gesicht eines Mannes, dessen Alter ich auf Anfang Vierzig schätzte, Stirn und Wangen offenbarten eine Haut, die früher gewiß von Kernseife, mittlerweile aber wohl eher von Toilettenwässern mit Moschusduft rosig gehalten wurde.

Dieses Antlitz war nach jenem ersten Blick zum Gepäcknetz gelblich-blaß geworden. Der Mann ließ seine Zeitung auf den Schoß sinken und umklammerte mit beiden Händen die Lehnen seines Sitzes. Dann stemmte er sich hoch, doch nicht wie ein zum Aufstehen entschlossener Reisender mit Blick nach Hut und Mantel, eher wie ein Turner, der am Barren eine Übung anstrebt, bei der es gilt, den Hintern aus einer Rücklage zu heben. Bei dieser Übung preßten sich seine Lippen sehr schmal gegeneinander, die Augen blieben geschlossen. Nachdem der Mann sein Gesäß ein paarmal hin- und hergeschwenkt hatte, ließ er sich wieder zurücksinken. Danach legte sich der Kopf zur Seite und verschmolz mit dem Muster des Plastikbezugs zu einem Halbrelief, das hilflos stöhnte und sich bei jeder Gleisschwelle leicht verzerrte.

Seither lag der Koffer wie eine Drohung in unserem Abteil. Eine Drohung, die an Umfang ständig zunahm. Seine mit schwarzen Plastikstreifen markierten Kanten schienen gleichzeitig zur Abteiltür und zum Zugfenster zu wachsen, als würde sich in unserem kleinen Lebensraum ein vielnapfiger Krake breitmachen, der unsere Aufmerksamkeit von so wichtigen Themen wie dem Verfall der Lira, den Vorteilen eines Zwölfzylinder- gegenüber denen eines Achtzylindermotors, der Zukunft des Politbüros der Kommunistischen Partei Chinas abzog.

Wo früher Welt gewesen war, existierte plötzlich nur mehr dieser doppelt verschlossene Koffer, milchbraun, sämig glänzend, allgegenwärtig.

Draußen, hinter dem rauchgetönten Fenster, zog die Freiheit vorbei. Weinberg schmiegte sich an Weinberg, eine gelassene Nachmittagssonne betrachtete ihr Spiegelbild auf Windschutzscheiben und auf gekräuselten Fischteichen. Das kleine Mädchen stellte sich eine Frage nach dem Pleistozän.

Mein Nachbar zur Rechten hatte das Sportmagazin, in dem er lange und aufmerksam gelesen, gegen ein Buch getauscht, das, meinem flüchtigen Blick zufolge, vornehmlich aus Tabellen und graphisch aufgelösten Statistiken bestand. Von Zeit zu Zeit versah er die schwarzen und grauen Säulen auf dem Papier mit einem Ausrufe- oder Fragezeichen. Als die Großmutter nach einer Tunneldurchfahrt kurz auf ihre flache Armbanduhr blickte, glitten ihm Buch und Stift aus den Händen und landeten auf der weinroten Auslegeware, die unserem Abteil als Teppich diente.

Der Nachbar deutete eine kurze Bückbewegung an, schien sich aber sofort eines Besseren zu besinnen und begann, sich aus seinem Sitz zu erheben. Dabei vollführte er eine eigenartige Schraubbewegung, bei welcher er sich in verschiedenen Windungen meinem Ohr näherte und wieder entfernte, nach dem eisernen Rahmen der Gepäckablage griff wie nach einem rettenden Seil, dabei aber gleich zwei Körperdrehungen ausführte. Schließlich stand er aufrecht und damit in Stirnhöhe mit dem Koffer. Er schloß kurz die Augen und verließ das Abteil.

»Der Mann hat seinen Schreiber fallen gelassen«, sagte das kleine Mädchen zu seiner Großmutter.

Was aber geschah mit meinem Vis-à-vis, dem Kleinen, Stämmigen mit der Figur und den schütteren Haaren eines Ringers der mittleren Gewichtsklasse? Stellte er sich schlafend? Machte er Anstalten, dem Schraubenwinder zu folgen?

Nein, er zog den silbernen Flachmann aus seiner Brusttasche und entstöpselte ihn mit den Zähnen, wie schon bei der Abfahrt aus Nürnberg. Eine Wolke von Branntweingeruch erfüllte unser Abteil. Nachdem er das Fläschchen von seinen Lippen abgesetzt hatte, rülpste er glücklich und schlief ein.

Die Großmutter nahm das kleine Mädchen schützend in ihren Arm.

Ich entfernte mich mit einem Hustenanfall.

Was genau in Würzburg mit dem Koffer geschah, wissen nur die beiden Frauen.

Dritter Wirbel

Belastungsstrukturwandel

Es ist ein Tag, es ist kein Tag, außer Gott und meinem Rükken ist nichts. Natürlich gibt es die vertraute Hölle um mich herum: die gewandten Radfahrer auf dem Bürgersteig, die meinen schleppenden Gang verfluchen, die Gören auf ihren Rollbrettern, die mich anschneiden wie Rennläufer eine Slalomstange, den Umzugspacker mit dem Kühlschrank auf der Schulter, der mich aus seinem Weg scheucht. Bereits zweimal habe ich die hundert Meter zwischen meiner Wohnung und jenem Palast zurückgelegt, der sich »Studio Körperkunst« nennt und in dem ich und andere Opfer lernen, mit den Armen zu schlackern. Ich bleibe nicht mehr unbehelligt. Mein Gang ist sozial auffällig geworden. Wer mich nicht mit aufgeschlagenem Blick anzurempeln versucht, der weicht mir mit niedergeschlagenem Blick aus, so als könnte ich plötzlich eine Pappkarte aus der Manteltasche ziehen, die mein Leid als rumänisches Zigeunerkind beschreibt.

Unsere Gesellschaft kennt keine Nachsicht mit der »unspezifischen Rückenbeschwerde« – wie wir Anonymen genannt werden. Dabei sind wir »Unspezifischen« gleichzeitig Vorhut und Troß der Bewegung. Zwei von uns kommen auf nur einen »Spezifischen«. Männer, denen Gott wie dem Wolf mit der Gerte auf den Rücken schlug, damit dieser in der Mitte einknicke, Männer, denen, wie es in den Psalmen heißt, »eine Last auf den Rücken« gelegt wurde, Männer, die wie Atlas den Erdball stemmen.

Vielleicht ist das Wort »unspezifisch« verantwortlich für die allgemeine Ächtung. In den Nächten, die zuvor dem Schlaf oder anderen Vergnügungen gewidmet waren, lese ich mich mittlerweile in das Schicksal meiner sozialen Kohorte ein. Es ist keine leichte Lektüre, was schon durch einen Titel wie *Arbeitsweltbezogene Prävention und Gesundheitsförderung am Beispiel Rückenschmerzen* bezeugt wird. Ich kenne den Autor dieser Studie nicht persönlich, gewiß ist er einer von uns, denn der Zusammenhang zwischen wildem Schmerz und roher Formulierung leuchtet mir spontan ein. In diesem Zustand verteilt man die Wörter sorgfältig auf viele stützende Silben und hält sie so weit wie möglich vom Körper entfernt.

So ließ auch ich mich sorgfältig auf meine rechte Seite niedergleiten und stabilisierte meinen »Stütz- und Bewegungsapparat« sanft mit den Knien, als ich auf den Begriff »Belastungsstrukturwandel« traf, welcher mir klarzumachen suchte, was ich die ganze Zeit vermutet hatte: nämlich daß wir an der Schwelle zu einer neuen Epoche leben.

Oswald Spengler schloß aus der Struktur der abendländischen Zivilisation, daß sie zum Untergang verdammt sei. Sigmund Freud schloß aus der psychischen Struktur seiner Zeitgenossen auf den Niedergang der bürgerlichen Welt. Beide hatten auf ihre Weise recht, doch weder Freud noch Spengler bemerkten, daß sich dieses Ende auch ohne aufwendige Erkundung von Triebverhalten oder Dekadenzerscheinungen ganz einfach aus dem Ende des aufrechten männlichen Ganges diagnostizieren läßt.

Nehmen wir meine Leidensgenossen in der Turnhalle. (Ich beharre auf diesem altmodischen Wort, Begriffe wie »Fitness Center« wirken so grell und obszön wie die enge Wäsche, die sich dort zwischen Bizeps und Pofalte spannt.) Uns, den »Unspezifischen«, ist unsere Herkunft nicht mehr anzusehen. Manche dürften noch vor wenigen Jahren teuflische Kerle gewesen sein, Helden auf dem Exerzierplatz, Matadore des Rennrades in unebenem Gelände, Wirtschaftskapitäne in windschlüpfrigen Boliden. Und heute? Heute beschleicht uns jener angstvolle Blick, wenn wir zu einer Sitzgruppe geleitet werden, die das Gesäß unterhalb der Kniekehle empfangen will. Heute winken wir mit fahler Höflichkeit die Einladung beiseite, die uns in einen flachliegenden Sportwagen locken soll. Und auf dem Exerzierplatz würden wir als »lahme Säcke« zusammengestaucht, weil auch das wiederholte Kommando »Stillgestanden!« uns nicht aus der Haltung eines kauernden Sumo-Ringers hochbellen kann.

Natürlich sind das alles männliche Sorgen (es sind, genauso selbstverständlich, bei weitem noch nicht alle), und man soll mir nicht einreden, sie hingen damit zusammen, daß unsere Industriegesellschaft den Übergang vom Schuften zum Sitzen noch nicht bewältigt habe. Die gestandenen Männer meiner Turngruppe haben nie geschuftet, sieht man einmal ab von sporadischem sportlichem Übereifer oder den periodischen Laufübungen mit schwerem Gepäck, zu denen der Münchner Flughafen die ihm ausgelieferte Klientel verdammt.

Sind es demnach die vielzitierten »psychomentalen Belastungen«, die in diesem Schurkenstück die Hauptrollen spielen, jenes – Verzeihung, ich gebe den sekundärliterarischen Druck nur weiter – »biopsychosoziale Modell«?

Mumpitz! Napoleon litt in der Stunde seiner größten »psychomentalen« Belastung nach Auskunft aller verläßlichen Ärzte unter Leibschneiden, hervorgerufen durch den Verzehr einer zu roh servierten Gans, nicht unter Rückenschmerzen. (Und für all die Zeit, die er im Sattel verbrachte, hätte ein heutiger Imperator eine ganze Kompanie von Chiropraktikern in seinen Dienst zwingen müssen.) Casanova, ich weiß, das ist ein anderes Thema, ein gewagter Vorgriff, aber hat man je im Zusammenhang mit Casanovas Lebensführung den Ausdruck »bedürfnisgerechtere Arbeitsregelung aufgrund psychosozialer Belastung« gehört? Ludwig Erhard zauberte unsere Auferstehung aus Ruinen, auch kein geringer Druck, wenn man an die Erwartungshaltung des Publikums denkt, doch so agil, wie jener Minister/Kanzler das in seinen Fernsehauftritten zeigte, führt keiner von uns »Unspezifischen« Glas und Zigarre zum Mund.

Will sagen: Gewiß, die Vorbilder werden alle ihren Preis gezahlt haben, doch sie zahlten ihn in einer anderen Währung als jener des Rückenschmerzes. Wir werden das Rätsel an die Wissenschaft zurückreichen müssen. Oder uns auf eigene Pfade begeben.

Beim Heiler

»Das, was *wird*«, sagt der Taxifahrer, »wird teils von Natur, teils durch Kunst.« Er schaltet in einen niedrigeren Gang, als eine Hügelkuppe vor uns auftaucht. »Teils *wird* es auch von selbst«, fügt er hinzu, nachdem er den Hügel gemeistert hat. Wir fahren durch den Südosten von Kärnten, und die Villa eines Heilpraktikers ist unser Ziel.

Es besteht eine besondere Beziehung zwischen den Betreibern von Droschken und deren rückenschmerzanfälligen Fahrgästen. Keinem Taxifahrer bleibt verborgen, wie der Kunde in sein Gefährt einsteigt – aufrecht, kriechend oder gebückt. Medizinsoziologen, die an einer ernsthaften Untersuchung des bereits erwähnten »Belastungsstrukturwandels« interessiert sind, wären demnach gut beraten, ihre Fragebögen jenen Kurieren des Zeitgeistes anzuvertrauen. Besondere Experten erkennt man unschwer an dem Geflecht aus glänzenden Holzkugeln, das wie ein mittelalterliches Rüsthemd über die Lehne des Fahrersitzes gespannt ist.

Mein Chauffeur hat ein solches Geflecht sogar dem Beifahrersitz übergestreift. »Der Mann ist gut«, sagt er, als wir auf das Ziel unserer Reise zu sprechen kommen, »bärenstark, besonders im Kopf, und unschlagbar, aber nur, wenn seine Mutter ihm hilft. Zusammen sind die beiden ausgemachte

*Wunder*heiler.« Früher, fährt er fort, habe er sich bei den eigenen Beschwerden zu einem slowenischen Masseur begeben, danach zu einem indischen Chiropraktiker in Graz, zu einem chinesischen Akupunkteur im Burgenland, zu einem bärtigen Kräuterweib aus der Steiermark, zur chirurgischen Ordination im Spital von Klagenfurt, zu einem stummen Sufi aus dem Iran. »Und dazwischen habe ich immer wieder eine Kerze vor dem heiligen Nikodemus angezündet, der soll besonders stark wirken, vor allem knapp über dem Arsch.«

Kreuzleidende sind die wahren Vertreter des ökumenischen Gedankens in unserer Zeit. Sie huldigen Göttern in Weiß, in Gelb oder im einfachen Straßenanzug. Der Schmerz reißt die Grenzen nieder zwischen den Religionen und den wissenschaftlichen Weltanschauungen. Er weist uns zurück in die Zeit, als ein Hexenschuß noch als »Elfenpfeil« behandelt wurde, der Anschlag einer »Unholdin«. Natürlich war das frauenfeindlich – wie sonst soll sich männliche Empörung äußern? Doch es erinnert genauso an jene glücklichen Tage, als wir Religion (und Medizin) noch ehrlich nach ihrem Gebrauchswert beurteilten.

In Kärnten, wie in anderen österreichischen Bundesländern, sind die Nebenstraßen des empfindlichen Rückens Widersacher. Robuste landwirtschaftliche Nutzfahrzeuge hinterlassen Spuren – breite Rillen, verdeckte Mulden oder überraschend auftauchende Festkörper –, welche die ursprünglich sanft und eben angelegte Straßenoberfläche immer wieder entstellen wie häßliche Schwären oder Verschorfungen das Antlitz eines in früher Jugend Blatternvernarbten.

So hocke ich auf dem Rücksitz, die Schultern gegen das Fenster gepreßt, mit der linken Hand die Schlaufe umklammernd, das Gesäß in jener Lauerstellung, die mir stets erlaubt, auf eine schmerzhafte Erschütterung der Wirbelsäule mit einer sanft ausgleichenden Schwingung des Beckens zu antworten. Fühlte ich mich nicht so willensstark, käme ich mir vor wie ein erlegtes Wildbret an der Stange seiner Jäger.

»*Iliolumbalis*«, sagt der Fahrer ehrfürchtig, nachdem ein unbeabsichtigt scharfer Preßlaut seines Gastes auf dem Hintersitz Zeugnis gegeben hat von einem stämmigen Ast, den zu entfernen die lokale Straßenreinigung noch nicht die Zeit fand. Das lateinische Wort klingt gleichzeitig so anerkennend und beschwörend wie ein kirchliches Stoßgebet.

»*Iliolumbalis*«, hat auch der Arzt mit dem rosigen Gesicht gemurmelt, der mich vor ein paar Wochen in jener Tube wendete, die mit der entsprechenden optischen Ausrüstung dem geschulten Betrachter ein getreues Abbild der intimeren Befindlichkeit seiner Patienten verschafft. Man liegt entkleidet in dieser Röhre, wie eine Havanna in ihrem Mantel aus Leichtmetall, dazu wird der Patient für die Kamera langsam gedreht, damit keine Fehlfarbe verborgen bleibt. So kann das Objektiv den Körper in mehrere hundert schwarz-weiße Lichtbilder auflösen, die jeden Verdacht ausräumen, es handle sich bei dem erfaßten Objekt um den ewigen Sitz einer zugegeben fleischbehafteten, vielleicht sündenanfälligen, dennoch liebenswert unsterblichen Seele, die – wie gerade jetzt – im Fond eines schaukelnden Toyotas um Fassung ringt.

Iliolumbalis ist übrigens der Name eines winzigen Muskels im Bereich der niederen Lendenwirbel, und dieser Muskel neigt zu Verkrampfungen. Das alles hat mir der Arzt mit dem rosigen Gesicht im Münchner Krankenhaus erklärt, doch da er meiner Karteikarte entnommen hatte, daß er zu einem

Akademiker redete, sprach er nicht einfach von Verkrampfungen, sondern von koordinatorischen Beschäftigungsneurosen, von Kontraktionen variierender Intensität und von rezidivierenden Symptomen. Er machte dazu ein sehr ernstes, fast verrätseltes Gesicht und empfahl mir einen Therapeuten, »dem Sie Ihr Vertrauen schenken«. Daß er bei diesem Geschenk nicht an sich selbst dachte, merkte ich schon daran, wie er sich flink abwandte, als ich mühsam versuchte, in meine Schuhe zu steigen.

»Ab Dreißig beginnt es halt zu zwacken, beim Mann über Dreißig …«, so bringt mein Fahrer das medizinische Problem auf eine umgangssprachliche Formel. »Dort drüben wohnt er übrigens, der Herr Heilpraktiker.« Er deutet mit seiner behandschuhten Rechten auf einen Hügel, von dessen sanfter Kuppe uns ein hell erleuchtetes Gebäude entgegenstrahlt. Wüßte ich nicht, daß wir uns an der Grenze zu Slowenien bewegen, würde ich mich in der Toskana wähnen: Dunkle Zypressen säumen die Anfahrt, weiße und rote Oleanderbüsche neigen uns ihre Zweige entgegen, mattgelbes Scheinwerferlicht umspielt einen schlanken Turm. Ich denke an Kreuzritter und Sarazenen, ich denke an ein verheißungsvolles Arkadien und an morgenländische Brunnen der Heilkraft. Ich bin überrascht, daß es im engen Wartezimmer meines Heilpraktikers nach Resopal riecht.

Natürlich *riecht* Resopal nicht, obwohl es so ausschaut. Das Material scheint nur alle Gerüche zu bewahren, die je mit ihm in Kontakt gekommen sind, besonders in Wartezimmern. Angstschweiß und Magensäuren, Eiter und regenfeuchte Mäntel. Ich füge der bereits bestehenden Mischung des Hauses die Note eines weiteren regenfeuchten Mantels hinzu. Beim Eintreten konnte ich an der Wand im Flur nur einige Kruzifixe, doch keinen Haken ausmachen, an dem ich mein Kleidungsstück diskret hätte aufhängen können. Auch die anderen Patienten, dem Augenschein nach genauso vom Schicksal gekrümmt wie ich, haben ihre Mäntel anbehalten. Hier wird das Leid – trotz bestens funktionierender Fußbodenheizung – verhüllt getragen.

So betrete ich wie ein schwitzender Wanderer zur Winterszeit das Ordinationszimmer. Es ist ein kahler Raum, sieht man einmal ab von den zwei Statuen der Jungfrau Maria, einem Wandschrank und einem Reck, wie man es beim Turnen in der Oberstufe benutzt. Ich mache Anstalten, meinen schweren Mantel aufzuknöpfen, da tritt der Heiler auf mich zu und winkt so heftig ab, als sei ich im Begriff, eine Obszönität zu begehen.

»*Musculus iliolumbalis*«, sagt der Heiler, »bitte treten Sie an das Gerät.« Vielleicht hat er slowenisch geredet, vielleicht auch nur in seinem lokalen Dialekt um eine Schale Kaffee gebeten, *ich* habe die Eingangsworte deutlich verstanden und frage mich, warum man für dieselbe Erkenntnis in Deutschland splitternackt in eine Röhre gesteckt werden muß, für die an der südöstlichen Grenze Österreichs offenbar das Ohr eines Taxifahrers oder der bloße Blick eines Heilers auf den Träger eines dicken Wollmantels genügt.

Die nächsten Minuten verlaufen so schmerzhaft und peinlich, wie alle Minuten verlaufen sind, die seit der Erfindung dieses Gerätes den begabten von dem unbegabten Reckturner unterscheiden. Rückenleidende sind sich nicht nur ihrer gegenwärtigen, sondern auch aller vorausgegangenen körperlichen Unzulänglichkeiten deutlich bewußt. Am Reck zu hängen kommt für unsereinen einer physischen Generalbeichte gleich.

Dabei muß ich mich nur an die Stange klammern, während der Heiler eines meiner Beine ergreift und wild hin und her schwingt. Ich bin körperlich ziemlich robust, daher überrascht es mich nicht, nach kurzer Zeit ein schweres männliches Schnaufen zu vernehmen. Über dieses Schnaufen legt sich bald eine greisenhelle Frauenstimme, die ein Ave-Maria betet. Die Mutter des Heilers hat sich vor meinem Rücken niedergekniet.

»Das war's«, sagt ihr Sohn erleichtert. Er drückt sein linkes Ohr in meinen Mantel, dreht an meinem rechten Stiefel und wiederholt: »Das war's!«

Die Mutter unterbricht ihr Gebet und führt gleichfalls ein Ohr an jene Stelle, unter der sich – viele Wollschichten tiefer – mein schmerzhafter *Musculus iliolumbalis* befinden muß. »Das war's noch nicht«, erwidert sie streng und nimmt ihr Ave-Maria an der Stelle wieder auf, an der sie es unterbrochen hat.

Erneut und fast verbittert werden meine Beine bewegt, als gehörten sie zu einem Funkenmariechen auf dem Kölner Karneval bei seinem letzten Auftritt. Meine Handknöchel haben sich längst weiß verfärbt, als der Heiler wieder innehält und triumphierend verkündet: »Das war's!«

»Das war's wirklich«, bestätigt die Mutter nach einer kritischen Ohrenprüfung, »es wird natürlich wiederkommen, vielleicht in ein paar Monaten, vielleicht in ein paar Jahren. Bis dahin können Sie wieder aufrecht sitzen, in Ihren Autos und auf Ihren Schreibtischstühlen.« Sie bekreuzigt sich, als habe sie gerade vom Leibhaftigen geredet, und verschwindet hinter einer Glastür. Ich bin bereits so geheilt, daß ich ihr eine tiefe, ergebene Verbeugung hinterherschicken kann.

»Zusammen sind sie zur Zeit einfach die Besten«, sagt der Fahrer, »er mit seinen Muskeln und seine Alte mit ihrem Ohr. Aber ich kenne noch einen in Zagreb, einen Tschuschen aus Bosnien, der arbeitet mit Eisen, spottbillig der Kerl. Also beim nächsten Mal …«

An diesem Abend entkleide ich mich zügig und würdevoll, bevor ich unter die Dusche steige. Vielleicht habe ich sogar gebetet.

Fünfter Wirbel

Der Knick

Ich bin schon ein älterer Mann. Als mich vor einigen Jahren jener Überraschungsgast bedrängte, den ich seiner Erscheinung nach »Knick« nannte, war ich mir deshalb fast sicher, er ließe sich in nicht allzu langer Zeit genauso in eine Porträtsammlung einordnen wie andere Gäste meiner Biographie, wie »Lust« etwa oder die Zwillinge »Rauch & Suff«. Sie haben keine feste Form, doch sind sie jederzeit wiederzuerkennen, und wichtiger noch: diese Besucher kündigen ihr Kommen an. Nicht immer lautstark, aber für den geschulten Sinn stets vernehmlich.

»Knick« verhielt sich da anders. Er warf keinen Schatten, bewegte sich vollkommen geräuschlos, und nicht einmal mein Hund Boris, immerhin ein Jack Russell, konnte seine Witterung aufnehmen.

Nach einem der ersten Besuche von »Knick« fertigte ich eine flüchtige Gedächtnisskizze an. In meiner Erinnerung war er ein schneller grauer Traum vom bucklicht Männlein, kurz vor dem Niesen.

Anfangs behandelte ich ihn mit der Höflichkeit, die alle meine Gäste bei ihren Antrittsbesuchen erfahren und zu der mir nebenbei auch mein Hausarzt geraten hatte. Dr. N. ist ein Vertreter der neueren Heilkunst, zu deren Glaubenssätzen es gehört, sämtliche Anwandlungen, die den Körper befallen, zunächst einmal als eigenes Verschulden zu begreifen und als Aufforderung zur Selbsterkenntnis zu deuten. Was genau er damit meint, ist mir schleierhaft, aber die Jugend sucht sich eben ihre eigene Sprache, außerdem ist Dr. N. der einzige Vertreter seiner Kunst in Reichweite. Vielleicht wollte er mich aber auch nur in meiner altmodischen Höflichkeit bestärken.

»Knicks« besondere Wünsche als Gast schienen sich offenbar auf Salben und wärmende Strahlen zu richten. Tabletten lehnte er brüsk ab, Spritzen behagten ihm mal mehr, mal weniger. Bei den Salben gab er sich übrigens als äußerst wählerisch, was mich häufiger darüber nachdenken ließ, ob »Knick« nicht doch von einem gewissen Snobismus geprägt sei. Auf direkten Körperkontakt reagierte er meist hinhaltend.

»Knick« verkehrte, wie gesagt, in meinem Haus wie ein Besucher, der sich die Freiheit nimmt, selbst zu bestimmen, wann ihm die Tür geöffnet wird. Daß ich bei diesen Anlässen in eine besondere Festtagsstimmung geriete, kann ich nicht behaupten. Meist versetzte er mich in die schlechteste aller Launen, was ganz eindeutig auf seine Eigenart zurückzuführen war, mich bei der Begrüßung durch ein kleines Tippen mit dem ausgestreckten Zeigefinger – ein Tippen in den unteren Bereich der Lendenwirbel – zu einem würdelosen Einknicken zu bringen. Danach blieb ich für eine unbestimmte Dauer auf ganz wenige Bewegungen eingeschränkt, so als habe mir der Besucher zwingend vorgeschrieben, ihm alle meine Aufmerksamkeit zu schenken. Gut, man darf sich keinen Gast ohne dessen Schattenseiten vorstellen, doch diese schmerzhafte Belästigung raubte mir nicht nur mein körperliches Wohlbefinden, sie verletzte auch meine Würde. Ich bin zwar längst nicht mehr jene Verkörperung des geschmeidig Athletischen, die in ihrer Jugend – wie ich mich zu erinnern glaube – manchmal die Ursache scheuer, bewundernder Mädchenblicke und schneller klopfender Herzen war, doch ich fühle mich noch weit davon entfernt, als Beleg für anatomische Absonderlichkeiten in ein entsprechendes Kabinett einzugehen.

Ganz nachdrücklich störten mich die völlig unvorhersehbaren Besuchszeiten von »Knick«. Anfangs dachte ich noch, er stelle sich nur bei einer bestimmten Wetterlage ein; ermutigt hatte mich in dieser Annahme, daß die Heimsuchungen dreimal hintereinander an herbstvernebelten Abenden stattfanden. Nach zwei weiteren Besuchen in jenen heißen Monaten, welchen die Meteorologen das Prädikat »Jahrhundertsommer« erteilten, mußte ich mich schmerzhaft von dieser Hypothese verabschieden. Wie der Heilige Geist erschien »Knick«, wann er wollte. Und er erschien auch, *wo* er wollte. Vielleicht habe ich deswegen einen falschen Eindruck erweckt, als ich ihn als einen *Haus*gast darstellte. Meine berufliche Neugier treibt mich in die entferntesten Länder, in aride und in semiaride Zonen, in abendländisch vertraute und völlig unvertraute exotische Kulturen. Doch so abgelegen diese Gegenden auch erscheinen mögen, sie hinderten meinen Gast nie an einem seiner unwillkommenen, völlig grundlosen Überraschungsbesuche.

Also entschied ich mich, mit meinem merkwürdigen Besucher einen sehr privaten Pakt zu schließen. Er verspürte offenbar ein Bedürfnis nach mir, das ich, je länger ich ihn kannte, immer weniger erwidern konnte und wollte. Gleichzeitig war aber dieses Bedürfnis von wechselhaftem Nachdruck, es gab zu meiner großen Erleichterung auch glückliche Monate, in denen »Knick« offenbar ganz ohne meine Gesellschaft auskommen konnte. Leider ließ er mich das im voraus genausowenig wissen wie den Zeitpunkt seiner Aufwartungen.

»Knick«, sagte ich also eines Morgens (es handelte sich um einen Morgen des Aufbruchs) in vorgetäuschter Jovialität, »es tut mir leid, aber wir müssen unsere künftigen Beziehungen, wie man so sagt, stabilisieren. Mein Geschäftsleben leidet, in gewisser Weise gilt dasselbe für meinen Selbstrespekt als Mann. In der Öffentlichkeit zu stehen ist ein Ding, dort zu knicken ein ganz anderes. Es ginge ja noch an, wenn es sich lediglich um Hausbesuche handelte, auf die ich mich einstellen kann, so aber …«

»Mir gefällt alles so, wie es ist«, antwortete »Knick« mürrisch und verschwand. Wie stets nach seinen Auftritten roch meine Wohnung streng nach Ameisensäure, unverkennbar auch nach jenem Schweiß, der bei heftiger, ungewohnter Anstrengung austritt. Ich nehme ihn kaum noch wahr, erkenne seinen scharfen Duft jedoch stets am Verhalten meiner weiblichen Besucher, die sich in durchschaubarer Unauffälligkeit mit diversen Toilettenwässerchen gegen ihn zur Wehr setzen.

Was ich »Knick« hatte vorschlagen wollen an jenem Morgen, als er so mißgelaunt verschwand, war einfach eine zeitlich begrenzte räumliche Trennung. In der Ehetherapie, wie bei allen anderen »Beziehungsgeschichten«, hat mir Dr. N. versichert, sei das ein durchaus probates Mittel. Die Partner schaffen untereinander Distanz, danach sieht man weiter. Ich beschloß daher, die nächsten zwei Monate an den heißen Quellen von Abano zu verbringen. Es gibt in Italien zwar schönere Aufenthaltsorte, doch ich sehnte mich nach Einsamkeit. Ganz besonders hoffte ich natürlich auf eine längere Trennung von »Knick«. Der war mir bisher zwar fast überallhin gefolgt, aber er hatte dabei eine deutlich wahrnehmbare Abneigung gegen Landstriche gezeigt, in denen es nach Schwefel roch. (Ich füge das zur Erklärung bei, einmal, um meine Ortswahl zu begründen, zum anderen, um nicht den Verdacht zu erwecken, ich wollte »Knick« verteufeln.)

Ein gebeugter Hoteldiener begleitete mich, als ich meine Koffer auf das Zimmer mit Ausblick zur Straße schaffte. Er nahm mein Trinkgeld und schloß die Tür. Ich setzte mich auf ein Bett, das unter mir nachgab wie eine weiche, nachsichtige Wolke. Dann öffnete sich knarzend der Schrank.

»Mir gefällt alles so, wie es ist«, sagte »Knick« zur Begrüßung.

Zug um Zug

Der schnauzbärtige Orthopäde mit dem leuchtenden Muttermal neben dem linken Nasenflügel hat mich am Ende der letzten Konsultation zu strengster Zurückhaltung aufgefordert. »Sie neigen zu Übereifer und Verkrampfungen«, sagte er, und das könne gerade bei »na, Sie wissen schon, wovon ich rede« zu Komplikationen führen. Sein »Na, Sie wissen schon« ist die für einen habilitierten Mediziner überraschend nichtssagende Umschreibung des Sexualverkehrs. Immerhin lächelte er zum Abschied sehnsuchtsvoll.

Doch auch ohne seine Warnung ist mir klar: Ich muß heute abend behutsam vorgehen, äußerst behutsam! Gerade mit dieser jungen Kunststudentin, deren Erscheinung drahtig und biegsam, deren Sprache dagegen so rätselhaft ist.

Jede kleine Geste, jedes leichte Ziehen, der sanfte und der nachhaltige Druck von Armen oder Oberkörper, von Hüfte oder Schenkeln, alles will zuvor sorgfältig auf Gefahr und auf Wirkung bedacht sein. Bei keinem Vorgang im Repertoire des männlichen Verhaltens werden sowohl nacheinander als auch gleichzeitig so viele Streck-, Beuge- und Dehnbewegungen vollführt wie bei jenem Akt, der zwei Liebende zur körperlichen und seelischen Erfüllung ihrer Leidenschaften führen soll. Bewegungen im Stehen, im Sitzen, im Liegen, zu schweigen von den tückischen Passagen, deren Vollzug ein elegantes, unangestrengtes, vielleicht sogar kühnes Wechseln zwischen diesen Zuständen erfordert, jene anmutig gleitenden Manöver zwischen Vertikaler und Horizontaler, die uns aus verwitterten Darstellungen in Stein und verblaßten Videobändern so vertraut wie verpflichtend sind.

Nur wer je demütigend erfahren hat, wie in der körperlichen Eisesstarre des Frühmorgens der Versuch, dem Fuß einen Socken überzustreifen, trotz spitzen Schreien mißlang, trotz Schweißausbrüchen, wilden Verwünschungen und tattrigen Neuanfängen, nur der kann ermessen, welche Konzentration der Muskeln, welche List vonnöten sind, um die begehrte Frau spielerisch und dennoch planvoll von den Gewändern zu trennen, die sie zwischen Haut und Außenwelt gelegt hat. Da wird der scheinbar schwerelose Umgang mit Häkchen und Schnürchen, mit Knopfleisten und Reißverschlüssen plötzlich zu einer hohen Schule der Fingerfertigkeit.

»Natur, witzige, still erfinderische Frau«, seufzt die Kunststudentin, als mein sich langsam von ihrer Halspartie zur sanft ansteigenden Achselkuppe vortastender Daumen auf jenes widerstrebend-elastische Band stößt, welches die deutsche Sprache einen »Träger« nennt. »*Erfinderisch* schon«, denke ich, »aber warum *witzig*?« Befände ich mich noch im intellektuellen Vorspiel, jener kurzen, erdnuß- und sherrygestützten Phase, in der sich meine Gastgeberin als angehende Expertin für die französische Freiluftmalerei des 19. Jahrhunderts zu erkennen gab, würde ich gerne von meiner Sehnsucht nach Frauen erzählen, in deren Darstellung sich luftiges Gewand und schimmernder Körper so verflüssigen, daß ein Hauch zu genügen scheint, um Phantasie und Realitätsbewußtsein miteinander zu verschmelzen. »Fingerspiele im Zwielicht«, so hieß eine Ausstellung, an die ich mich jetzt erinnere. Sie zeigte hinreißende Bilder von herabgeglittenen Schleiern, entknoteten Lendenschurzen und gelöstem Haar. Darüber hätte ich jetzt gerne geredet, dringlich wäre es auch, vor dem geplanten Vollzug des Unaussprechlichen andere persönliche Probleme zu erwähnen, jene, die der Jargon der Mediziner leidenschaftslos als solche des »dorsalen Bereichs« wegneutralisiert. Doch leider hat schon der Schauder des Begehrens seinen Mehltau auf meine Zunge gelegt.

»Fingerspiel, doch wo bleibt das Spiel?« frage ich mich erbittert, während Zeige- und Mittelfinger zwischen weicher Haut und straffem Gummizug angestrengt eine zärtliche Scharte zu bilden versuchen.

Dem Balzverhalten des Auerhahns verdankt die Erforschung der männlichen Sexualität die Erkenntnis, daß es in Momenten der ansteigenden Erregung zu einer Umleitung von Blutströmen kommt, die das Rationale zugunsten des Affektiven abblocken. Deshalb wundere ich mich nur mäßig über die merkwürdigen Gestalten, die plötzlich in meiner Phantasie auftauchen und mir unaufgefordert von abstrusen Zusammenhängen berichten. Zunächst erscheint mein kurzatmiger Masseur, der mir ins Ohr flüstert: »Nehmen Sie in Gedanken den Hebevorgang vorweg. Damit bringen Sie Ihre Muskulatur in einen Vorstartzustand.« Der Masseur verschwindet und macht einer schmallippigen, plattnasigen Erscheinung Platz, die vor hundert Jahren den Büstenhalter erfunden hat. Natürlich war der Kerl ein Ingenieur, er stammte ja wie Daimler aus Bad Cannstatt. Außerdem hieß er mit Vornamen Siegfried. Die Frauen verdanken ihm Entwürfe, die er »Korb« oder »Körbchen« nannte, »Halbheber« oder »Hebebühne« (»mit oder ohne Rähmchen«). Philologen nach mir wird es überlassen bleiben, darüber zu grübeln, warum in der deutschen, in der Sprache Freuds so viele Bezeichnungen für Kleidungsstücke *und* intime Vorgänge aus dem Wortschatz von Transportarbeitern zu stammen scheinen. Ich denke an Belastung und Verdrängung, an Halten und an Loslassen, ich denke an Aufhebung (oder war das Hegel?).

»Das Sammeln ist eine Frustration der Möglichkeiten«, sagt in diesem Moment die Kunststudentin, die gemerkt hat, daß meine Gedanken die Flucht ergriffen haben. »Gehen wir lieber nach drüben.« Beiläufig entfernt sie meine Finger aus der Kleidung, als handele es sich um eine modische Korrektur ihrer Textilsilhouette. Mit »drüben« meint sie den nur von zwei schwarzen Kerzen beleuchteten hinteren Trakt ihres Wohnschlauchs. Wie ich befürchtet habe, ist dort die Liegestatt allen möglichen Hebehilfen entrückt. Die beiden Skulpturen am Kopfende reden zwar eine eindeutig phallische Sprache, anders gesagt: sie sind eher hoch als breit, doch schon aus der Entfernung ist ihr Material als brüchiges Sperrholz auszumachen. Sehr viel mehr Vertrauen flößt da schon die mit verschiedenen Blusen behangene Sprossenleiter ein, aber sie ist an der weit entfernten Wand festgedübelt und kommt allenfalls für hoffentlich vermeidbare Notsituationen in Frage.

Wehmütig denke ich an die keuschen Hollywood-Filme meiner Jugend, in denen sich das Paar noch vor dem Schlafzimmer trennte, um später im cremefarbenen, sauber gebügelten Pyjama oder Negligé am sorgfältig aufgeschlagenen Bett wieder zusammenzutreffen. Wenn es etwas abzulegen galt, handelte es sich allenfalls um die Brille des Mannes. Die Frau kam als Geschenk, doch bereits weitgehend ausgepackt. Beide hatten ihre eigene Seite, um auf das Lager zu sinken – in selbstgewähltem Bewegungsablauf. Die Wirbelsäule konnte nach allen Regeln der ergonomischen Vernunft aus der aufrechten in die liegende Stellung abgefedert werden, was, wie wir wissen, eine Entspannung jenes Körperteils um mehr als zwei Drittel bedeutet.

An Entspannung ist in diesem Moment natürlich überhaupt nicht zu denken. Die Situation erfordert couragierte Stütz- und Haltearbeit, der Grundtonus der Muskulatur will überhöht sein, es kommt notwendigerweise zu Dysbalancen und den gefürchteten Dauerkontraktionen, doch die müssen in Kauf genommen werden.

»Laß dir die Energie nicht vom Kontext rauben«, wispert die Kunststudentin, ein roter Lockenkopf auf nachtdunklem Seidenkissen.

Sie trägt ein malvenfarbenes Gewand, bei dem Ober- und Unterteil nahtlos ineinander übergehen, unsere Großeltern hätten sehr prosaisch von einer »Hemdhose« gesprochen, die zeitgenössische Werbung nennt es einen »body«. Der Verschluß des body besteht in seinem untersten Verlauf aus Druckknöpfen, meist stehen diese Knöpfe unter Spannung, weil das Dessous nicht nur zur Verhüllung, sondern auch zur Formung des Unterleibs entworfen wurde. Ich erwähne diesen Umstand nicht, um eine Indiskretion zu begehen, ich warne lediglich die Unerfahrenen vor dem Effekt schmerzhaft auf die Fingerkuppen schlagender Metallteile, der einer Schockwirkung gleichkommen kann. Um den Verschluß zu öffnen, muß der Liebhaber sein Becken senkrecht über dem Sitzbeinknochen in Kippstellung bringen. Und genau hier liegt das Problem des Rückenleidenden, der schon im Ansatz der Bewegung ahnt, daß jene Kippstellung ein Verhängnis auslösen wird, welches die geplante Eroberung in Sekundenschnelle zu aschfahler, letztlich erfolgloser Belagerung reduziert.

»Du kannst dich vom Diktat des Originals nicht befreien«, bemerkt die Studentin, der mein plötzliches Innehalten nicht entgangen ist. Sie redet sanft und verständnisvoll, fast gurrend.

Auch die Kunstgeschichte, das weiß ich aus manchen Büchern, kennt den Begriff der »Kippmomente«. Bedeutende Autoren haben die bildliche Darstellung zwielichtiger Situationen des menschlichen Gemüts beschrieben, den Wechsel von Erregungszuständen, den Ausdruck von »Schwellenerfahrungen«, gerade in den Gemälden der Romantik. Die Antlitze auf der Leinwand verkörpern die inbrünstige Suche der Seele nach einer neuen Autonomie, nach neuem Glück.

Haben diese Deuter auch an mich gedacht? frage ich die Sprossenwand. Hatten sie je meinen Körper im Kopf, der hier schmerzverbissen einer ihrer bezauberndsten Schülerinnen leidenschaftlich und wortlos klarzumachen versucht, daß Autonomie ein unerreichbarer Idealzustand ist, wenn allzu viele Jahre zuvor Sitzflächen gegen das Gebot der Rechtwinkligkeit von Ober- zu Unterschenkel verstießen? Weil gesündigt wurde durch Arme, die nicht locker hingen, Füße, die nicht auf Schemeln ruhten, Ellbogen, die ungünstig zur Arbeitsfläche lagen?

Niemand hört zu. Das Radio in der Küche spielt eine Musik, die von einer mehligen weiblichen Stimme als »Melodie für bestimmte Stunden« angesagt worden war.

Wie es kam, daß der anmutig gewölbte Bauch der Kunststudentin dann schließlich doch so sämig glänzte, wie es im chinesischen Gedicht für die »Tausendschöne« beschrieben wird, gehört nicht hierher. Selbstverständlich, es kam zu Preßatmung, zum Druck gegen die geschlossene Stimmritze, möglicherweise sogar zu jener Beeinträchtigung des venösen Rückstroms von Blut aus der Körperperipherie zum Herzen, vor welcher der Orthopäde so oft gewarnt hat.

»Hebe nicht unnötig«, sagt die Kunststudentin und rollt sich zu ihrer Nachttischlampe, »Verführung ist die Überwindung einer Distanz, die auf Verlust gerichtet ist.«

Eine überflüssige Geschichte. Eigentlich unverständlich, warum der Vorhang nicht schon längst gefallen ist.

Muskelspiele

»Der Mann ist ein tiefer Kelch des Leidens«, denke ich am
nächsten Morgen, nachdem die Pein in meinem Lendendarmbeinmuskel (*M. iliopsoas*) fast abgeklungen ist. Über *iliopsoas*
schweigt sich die schöngeistige Literatur des Abendlandes
aus, obwohl dieser Muskel vermutlich für mehr dramatische
Situationen unserer Zivilisation verantwortlich ist als das Lächeln der Helena, das Taschentuch der Desdemona und sämtliche Schuldscheine in russischen Opern zusammengenom-
men. Er beugt nämlich die Hüfte – oder eben nicht und
manchmal nur unter schmerzhaftem Protest.

Um der Kulturgeschichte gerecht zu werden, muß man
allerdings auch bedenken, daß weder das Wort »Lendendarm-
bein« noch dessen scholastische Version »iliopsoas« dazu
geschaffen scheinen, sich einem klangvollen Versgebäude ein-
zuschmiegen. Viel Poesie schwingt da jedenfalls nicht mit.
»Kaltes Händchen«, gewiß, das kennen und schätzen wir seit
langem, die »heiße Stirn« selbstverständlich genauso, doch
»starrer Lendendarmbeinmuskel«? Auf was soll sich das, bitte
schön, reimen?

Was uns Belletristik und Oper verschweigen, enthüllt uns
dafür die bildende Kunst. Es hat sie noch nie angefochten,
daß die muskulösen Objektteile ihrer Wahrnehmung auf so

gebrauchstüchtige, doch schmucklose Namen hören müssen wie »Langer Schenkelanzieher« oder »Runder Einwärtsdreher«; und selbst der vermutlich von Vladimir Nabokov höchstpersönlich erfundene, zumindest bekanntgemachte »Schenkelbindenspanner« wurde von den Virtuosen des Pinsels und der Stifte nie geringgeachtet.

»Also gehen wir ins Museum«, sagt die Kunststudentin, die mich am Nachmittag besucht, sie heißt übrigens Sophie. Nach dem Tee erhebt sie sich graziös von meinem stufenlos verstellbaren Mehrzweckmöbel. »Erwerben wir uns Distanz durch Artefakte.«

Anschauung ist eine Funktion von Empfindsamkeit und Erfahrung, erinnere ich mich und überlege gleich danach, ob es die mich mehr und mehr verstörende Gesellschaft dieser bedenkenlos formulierenden Studentin ist, die mir so krause Sätze ins Gedächtnis ruft. Andererseits bleibt natürlich wahr, daß ein Unfallopfer mit anderen Augen den Autofriedhof betrachtet als der führerscheinlose Spaziergänger, daß der Trinker die Flasche anders betastet als der Abstinenzler. Mein früherer Tanzlehrer, ein gescheiterter Ehetherapeut, der somit wußte, wovon er sprach, brachte dieses Wechselspiel einmal auf die flotte Formel: »Erkenntnis und Interesse sind der Paso doble des Lebens!«

Auf der Laterne vor dem Museum hockt eine verirrte Sumpfmeise. Sie wendet uns den Kopf mit der schwarzen Kappe zu und ruft nach der Art aller Sumpfmeisen hoch und niesend »Pitschu«.

Es gibt in der Malerei Genres, die den Rückenleider weniger stark ansprechen als andere. Ein Stilleben mit verschiedenen Wurst- oder Käsesorten, zum Beispiel, fasziniert unsereinen nur mäßig. Desgleichen lassen uns Blumenbilder kalt, viele nautische Szenen sowie die meisten Madonnen. Die Darstellung von Schlachten kann dagegen in manchen Details schon eine gesteigerte Aufmerksamkeit für sich beanspruchen. Aber unsere wahre Leidenschaft gilt natürlich jenen Gemälden, die in der ganzen Farbenskala von Mattweiß bis Blutrot unverhüllte Muskelpartien präsentieren: Bauch-, Rücken- oder Kapuzenmuskeln in allen Formen der schweren Belastung oder des heiteren Spiels. Groß müssen diese Bilder sein, ehrfurchtgebietend und anatomisch wertvoll. Wie die Exponate in dem Saal, den wir betreten haben und in welchem gerade eine ältere Frau, offensichtlich eine bestallte Kunstführerin, den Umstehenden laut aus einem braun gebundenen Büchlein vorliest. »Die Muskulösen«, dröhnt sie, »haben grobe Knochen, sind von kleiner, breiter Statur und haben kein Fett.« Durch ihre männlichen Zuhörer geht ein Sichstraffen, als würde in sieben eingefallene Oberkörper gleichzeitig tief Luft eingesogen. »Denn die fleischigen Muskeln drängen sich, da sie ständig zunehmen, immer enger zusammen«, liest die Frau ungerührt weiter, »und so hat das Fett keinen Platz.«

Ob es Leonardo da Vinci, als er diese Zeilen schrieb, nur um die Technik der Darstellung ging oder ob er schon an den eigenen Körper dachte? Erinnerte auch er sich an die Zeit, in der er, wie wir einst, muskulös war und das Fett noch keinen Platz hatte?

»Achten Sie darauf, wie durchsichtig die Körper dargestellt sind«, mahnt uns die Führerin vor dem großformatigen Gigantensturz, »achten Sie besonders in den schattigen Partien zunächst auf den Untergrund und dann auf die helleren, genau abgegrenzten Teile. Jedes dieser Halbton-Pigmente leuchtet mit einer anderen Kraft. Und achten Sie ganz besonders auf die angedeuteten Blutbahnen. Wie Sie bemerken, sind die Fasern und die freiliegenden Venen auffallend kräftig ausgeführt. Sie sind stattlich, imposant, männlich und dabei doch sehr beschwingt, diese ...«, die Frau ringt für einen Moment mit ihrem Text, »diese so männlichen Körper.«

Die Führerin hat eine eher gebrechliche Gestalt; soweit sich unter ihrem steifen blauen Dienstkittel Formen abzeichnen, verdienen sie nicht die künstlerische Hervorhebung. Tintoretto hätte diese Dame nie in den Vordergrund gerückt, Rubens nicht im Traum daran gedacht, nach ihrem Ebenbild auch nur ein halbes Dutzend Putten zu gestalten. Vielleicht hätte Leonardo seine Freude an ihr gehabt, doch sehr wahrscheinlich ist das nicht.

Ich wende mich zu Sophie, um ihr ästhetisches Urteil einzuholen. Doch auch Sophie hat nur Augen für die beiden Muskelmänner auf der Leinwand, die grimmig Marmorsäulen zerbrechen. »Die Frühgeschichte des Mannes«, murmelt sie, und im Ausdruck ihrer hellen Stimme paart sich Ergriffenheit mit Erleichterung, »ein Bild der Verlockung, das uns ganz laut seine Botschaft zuruft!«

»Wer Gottes Fahrt gewagt, trägt still sein Kreuz«, gebe ich ihr zu bedenken. Die Zeile stammt noch aus meiner Schulzeit, ein rothaariger Hüne von einem Deutschlehrer hat sie uns in Oberhausen beigebracht. Das Wort »Kreuz« galt als beiläufiges, nie genau untersuchtes Sprachbild, die volle Betonung lag auf dem Adjektiv »still«. Was Sophie mit »Verlockung« meint, kann ich nicht nachvollziehen. Niemand, der je einen elastischen Kummerbund zur Stabilisierung des Lendenwirbelbereiches anlegen mußte, wird danach das Zerbrechen von Marmorsäulen als verlockend empfinden. Nicht einmal in jener fahlen Erinnerung, von der behauptet wird, sie verkläre. Das ist ja der wahre Grund, welcher den Rückenleider in die einschlägigen Säle der Kunstsammlungen treibt: Keineswegs wollen wir Verluste verspüren angesichts der wuchtigen Kerle, die auf ihren breiten Schultern fleischige Nymphen davonschleppen oder in ihren Armbeugen schleimschwarze Meeresungeheuer erwürgen. Wir schauen vielmehr in frommer Läuterung zurück auf jene Exzesse des Stemmens, Rotierens und Abspreizens in einer rohen Vergangenheit. Es ist der Blick des geretteten Tannhäusers auf den Venusberg, des bekehrten Alkoholikers auf einen Schnapsladen, des heiligen Franziskus auf eine Jagdgesellschaft.

»Du meinst Abscheu?« fragt Sophie, die meine Gedanken gelesen hat, »keine Wehmut, keine Sehnsucht, allein diese moralisch verbrämte Resignation?« Sie rückt von mir ab.

Auch in den Augen der Führerin erkenne ich nur höhnische Nostalgie. Sie mustert ihre männlichen Zuhörer, als handele es sich bei den von Vortrag oder Bildmotiven ergriffenen Kunstjüngern um durchgefallene Kandidaten für die Rolle eines Atlas, eines Herkules oder sonst einer Figur des maskulinen Heroismus.

Einige scheint das zu beeindrucken. Sie wirken auf eine befangene Weise nachdenklich, der törichte Zweifel des »Was-haben-diese-Burschen-was-ich-nicht-habe?« nagt bereits an ihnen. Zensur ist eine unschöne Angelegenheit, doch man sollte Frauen generell den öffentlichen Zugang zu diesen Gemälden verbieten. Gesunden Männern vielleicht auch. Es werden Vorstellungen geweckt, die zum Ende der Evolution dieses Geschlechts nur Verwirrung stiften können.

Eine graue Dämmerung hat sich bereits über die Dächer gelegt, als wir aus dem Museum treten. »Pitschu«, niest die Sumpfmeise ungehalten und fliegt behende von der Laterne.

Tarzan

Natürlich war ich überrascht, als mich der Mann von der Filmgesellschaft fragte, ob ich »terminmäßig« imstande sei, an einem Drehbuch über Tarzan mitzuwirken. Noch mehr überrascht hätte mich nur das Angebot, in der geplanten Produktion die Hauptrolle zu übernehmen, doch das schien nicht vorgesehen.

Ich arbeitete an jenem Sommermorgen gerade an einer kleinen, möglichst packenden Erlebnisbeschreibung über das Volk der Dong, einen Stamm, der vorgeblich im Südwesten Chinas lebt und dessen touristische Erkundung ein mittelständischer Reiseunternehmer in sein Programm aufnehmen wollte. Ich erwähne die Größe dieser Firma, um klarzumachen, daß mir deren Honorarvorstellung einen Bericht aus erster Hand verbat. Eine Reise nach China ist kostspielig, und wenn es in die Stammesgebiete des Südwestens geht – das weiß ich aus eigener Erfahrung –, bedeutet sie auch noch eine gewaltige Strapaze für die Wirbelsäule. Dagegen ist die ortsansässige Staatsbibliothek für mich bequem zu Fuß zu erreichen, besitzt eine opulente Sammlung völkerkundlichen Materials aus den verschiedensten, für den Laien kaum zu überprüfenden Quellen und dazu noch eine recht preiswerte Kopierwerkstatt. Im Lesesaal sitzt man anständig. Die Stühle vor den Tischen verfügen über eine schräge Gesäßfläche, welche die Muskulatur bei der Beckenkippung unterstützt und damit eine aufrechte Haltung erlaubt. Vergessen sollte man auch nicht die Imbißbar in der Kantine des Hauses, deren Sauberkeit sich leicht mit vielen Garküchen an den staubigen Straßenrändern der Provinzen Guizhou oder Guangxi messen kann. Was hatte das mit Tarzan zu tun?

Nichts. Wirklich nichts. Jedenfalls in diesem Moment. Nur den Zufall der Zeitkoinzidenz. Den Umstand also, daß mich jener Mann von der Filmgesellschaft anrief, als ich gerade eine bewegende Szene entwerfen wollte, in der ein »fast zahnloser« Dorfältester wortreich darüber klagt, wie schwer seine Schutzbefohlenen darunter litten, ihr Brauchtum nicht mehr nach Art der Mütter vollziehen zu können. Die Mütter, hatte ich – gestützt auf einen nicht sonderlich gut verständlichen Text – behauptet, verlangten von ihren Söhnen zum Mondfest das Entwurzeln von sieben Bambusstauden mit der bloßen Hand und auf einen Streich. Wenn sie das überanstrengte oder schmerzte, durften sie das durch keinen Ton verraten. Ich versuchte, mir den Vorgang in all seiner körperlichen Härte vorzustellen. Kein Wunder, daß der alte Mann klagte, kein Wunder, daß ich mit meinem Erlebnisbericht nicht vorankam.

Der Anrufer hatte eine ölige Stimme, die zwischen verschiedenen Alterslagen und Gebrauchssprachen schmierte. Häufig bediente er sich eines Jargons, der mir sonst nur aus Telefonaten mit jungen Männern bekannt war, die ihren Opfern am späteren Abend Renditen von mehr als zweihundert Prozent »*locker und per anno*« versprechen. Allerdings redete er nicht von Schiffswerften, sondern von einer »*postscript-*

production«, die aber eigentlich eine »*text-affirmation*« sei, mithin gehe es also um das »*script-doctoring*« von »ein *paar takes*«, hauptsächlich aber um Dialoge. (Ich gebe das Gehörte hier in der Fassung wieder, in der es damals meine Ohrmembranen dekodierten.)

Doch wie jeder einfallslose Schriftsteller war ich beglückt über die erlösende Unterbrechung und zeigte mich zurückhaltend aufgeschlossen. »Soweit mir bekannt ist, redet Tarzan als Vollwaise in einer Art Affensprache«, gab ich zu bedenken, »er schreit ›iGRR!‹ oder ›Ta-ta‹, manchmal auch ›AHH!!!‹ oder ›TRAGK‹, solche Dialoge verlangen eine linguistische Spezialbegabung, von der ich mir nicht sicher bin, ob ich sie überhaupt besitze.«

Ich sprach natürlich als literarischer und cineastischer Hasardeur. Wie im Falle der südwestchinesischen Volksgruppe, deren Schicksal ich gerade im Begriff stand zu erfinden, hatte ich nur eine schattenhafte Ahnung, wovon ich redete.

Als Kind durfte ich mich von den Eltern nicht mit einem Tarzan-Heftchen erwischen lassen, kaum auszudenken, was passiert wäre, hätte ich mein Taschengeld in den Besuch eines Films gesteckt, in welchem der Held sich an Lianen über Sümpfe schwingt und schließlich bei Blondinen landet. *Die schönsten Sagen des klassischen Altertums* von Gustav Schwab galten in unserer Familie als der Gipfel männlichen Heldenlebens und Abenteurertums. Vermutlich legte ich auch aus diesem unerfüllten Verlangen den Hörer nicht gleich wieder auf.

»Ich rufe nur an, um Sie zu fragen, ob Sie *terminmäßig* in der Lage wären, auf unser eventuelles Angebot einzugehen«, ölte die Stimme am Telefon, diesmal im bräsigen Pensionärsdiskant, »und da Sie die Figur des Tarzan bereits so gut kennen, muß ich Sie nicht daran erinnern, daß der Held als Sproß einer alten englischen Adelsfamilie auch seinen angestammten Platz im britischen Oberhaus einnahm. Jedenfalls in der Originalfassung von Edgar Rice Burroughs. Über die finanziellen Einzelheiten wird ein Mitarbeiter aus unserem Kostenstab mit Ihnen reden.«

Ich merkte, wie sich die Schlinge in meinen Hals fraß. Von den Summen, die beim Film verdient werden, hatte ich nur Respektgebietendes gehört. »Sehr viel deutlicher als Tarzan«, protestierte ich dennoch, »redet auch kein Mitglied im britischen *House of Lords.* Die schreien auch nur ›Nay, nay‹ oder ›Humph, humph‹, soweit ich mich erinnere. Dafür brauchen Sie keinen Dialogschreiber. Im übrigen bin ich mir auch nicht sicher, ob ich meine aktuellen Arbeiten unterbrechen kann. Eingeborene in Südwestchina. Matriarchalische Gesellschaften. Männerkulte. Ein äußerst komplizierter Stoff.«

Aber im Grunde meines Herzens wußte ich bereits, daß ich, wie es in der Branche wohl heißt, längst »eingekauft«, zumindest »optioniert« war. Als sich am folgenden Nachmittag eine resolute Frauenstimme meldete, die mir gleich mehrere Termine für eine erste Besprechung des in aller Eile neu zu fassenden Drehbuchs anbot, entschied ich mich noch für denselben Abend.

»Ich habe uns einen Tisch im Nettuno reserviert«, meldete sich die energische Stimme nach wenigen Minuten zurück, »ein hervorragendes Restaurant in der Nähe des Prinzregententheaters. Ach, Sie kennen es schon? Die Reservierung lautet auf meinen Vornamen. Ich heiße Regina, aber meine Freunde nennen mich Rega, wir treffen uns also um acht Uhr.«

Regina oder, wie auch ich bald sagte, Rega war eine kleine Person mit entschlossenen Gesichtszügen und wunderlichem Vokabular. »Sie sind der Autor, aber ich bin Ihre Dramaturgin«, sagte sie, als Giuseppe uns den ersten Espresso brachte, »ich sollte deshalb klarstellen, worum es der Firma geht. Wir haben eine *story* entwickelt, die uns den Mythos von Tarzan neu erschließt. Aber noch ist das Ganze nicht richtig *mainstreamig*. Um es auf einen einfachen Punkt zu bringen: Wir sehen die Figur nicht als einen von der menschlichen Zivilisation ausgestoßenen Mann, wir sehen ihn vielmehr als eine Möglichkeit, Natur und Zivilisation auf eine weiche, aber entschlossene Art miteinander zu versöhnen. Das ist im *subplot* zwar enthalten, aber zu wenig entwickelt. Tarzan als moderner Mann, wenn Sie mich recht verstehen.« Rega griff nach der Serviette, um ihre Brillengläser zu reinigen, die der heiße Espresso leicht beschlagen hatte. Ein Gestell von Yves Saint Laurent, wie ich unterschied.

»Als Mann«, fuhr Rega fort, »der diese brutale Spannung auslebt, die sich zwischen Geist, Körper und Instinkt einstellen muß. Wir wollen, ich sage das jetzt sehr verkürzt, Szenen und Dialoge, die auf eine überzeugende Weise Tarzan in seiner Größe *und* in seinem Schmerz dem Publikum nahebringen. In den letzten Jahren wurde der Markt überschwemmt von Geschichten, die immer nur den sehr starken Mann oder die starke Frau fokussierten. Davon müssen wir jetzt runter, sonst sind wir nicht mehr auf dem Markt, ich meine *mainstreamig*. Der zukünftige Mann wird wieder mehr nach innen gehen, in einer irgendwie …«

»… gehärteten Sensibilität«, vollendete ich den Satz. Mein Beruf bringt es mit sich, daß ich viele Verlagsprospekte lesen muß. Dabei war mir dieser Ausdruck ob seiner nichtssagenden Doppeldeutigkeit aufgefallen. Offenbar standen alle Medien gleichzeitig unter dem Eindruck, daß es so mit dem Mann nicht weitergehen konnte.

»Gehärtete Sensibilität«, wiederholte Rega, und zum ersten Mal zeigte sich ein Lächeln auf dem angestrengten Gesicht. »Das werde ich mir merken, das müssen Sie im ersten und im zweiten *plotpoint* fokussieren. Selbstverständlich brauchen wir eine entsprechende Konstellation auch im *midpoint high*. Alles andere wäre verschenkt.« Sie schüttelte kurz den Kopf, als müsse sie sich vergewissern, daß dieser noch mit ihrem Hals verbunden war.

Verwirrt bestellte ich mir ein Glas Grappa. Um ein Haar hätte ich Giuseppe auf englisch angeredet. Und langsam begann ich zu verstehen, warum mich mein Freund Wolf stets vor Filmdramaturgen gewarnt hatte. »Sie packen dir ständig Begriffe auf«, lautete einer seiner Aussprüche, »die lasten schwerer im Kreuz als alles, was du je aus einem Adorno-Seminar davontragen mußtest. Dagegen hilft kein literarischer Zauber: Dramaturgen sind die Heckenschützen der Ästhetik.«

Wehmutsvoll dachte ich kurz auch an den Stamm der Dong in Südwestchina, die ich für einen mir noch unbekannteren Tarzan und diese so bestimmt wie abwegig formulierende Frau im Stich gelassen hatte. Dabei fiel mir ein Spruch ein, den ich meinem »zahnlosen Dorfältesten« in den Mund legen wollte. Ich wandelte ihn geringfügig ab: »Tarzan ist der Felsen, der wieder zum Stein werden muß«, sagte ich feierlich. Eigentlich stammt das Bild von Fels und Stein aus der japanischen Nationalhymne, einem unglücklich vertonten Gedicht aus dem 10. Jahrhundert, vielleicht müssen dort auch umgekehrt die Steine zum Felsen werden. Japanologie hatte ich nur im Nebenfach belegt. Natürlich hat dieses Lied nichts mit Tarzan zu tun, doch immerhin war mir zum zweiten Mal in unserem Gespräch eine treffend unverständliche Bemerkung gelungen. Rega wirkte erneut beeindruckt, und ich beschloß, den flüchtigen Moment auszunutzen: »Wie würden Sie sich denn den künftigen Mann vorstellen oder gar wünschen, jenes Geschöpf voller gehärteter Sensibilität?«

Die Dramaturgin setzte wieder ihre Brille ab, schloß die Augen und wiegte den kleinen Kopf, diesmal, als müsse sie sich unerwartet in Trance versetzen. »Ich habe ihn mir noch nicht *gecastet*«, sagte sie nach kurzem Nachdenken, »das kommt in einer späteren Phase. Ich sehe ihn aber ganz deutlich als eine biegsame Gestalt, die ihrem Schicksal überlegen entgegentritt. Nicht klaglos, aber auch nicht schreiend.«

Damit schienen wir wieder bei den Dialogen angelangt zu sein.

»Lassen Sie uns den modernen Tarzan fettsteißig anlegen«, schlug ich vor, »diese Formen des Hinterns existieren ja noch in Afrika, eine Art rudimentärer, tiefer Höcker, einmal als Depot für schlechte Zeiten, zum anderen als Abfederung der Wirbelsäule. Der Kerl muß ja beim Schwingen von Baum zu Baum immer wieder hart landen. Wahrscheinlich hat er auch deswegen früher so laut geschrien. Man könnte zwischendrin sogar zeigen, wie Tarzan auf einem dicken Ast Kundalini-Yoga betreibt, Sie wissen schon, die berühmte Übung der Lebensschlange, die alle Energie aus den Lenden wieder hoch zum Kopf treibt. Das wäre erotisch und würde gleichzeitig eine Art medizinischen Realismus ins Spiel bringen, der verschiedene Kulturen miteinander versöhnt: esoterisch Fernöstliches, exotische Afrikanismen und den europäischen Mann im knappen Lendenschurz aus Leopardenfell.«

»Eine widerliche Vorstellung«, rief Rega empört, »abstoßend und ein echter Quotenkiller, das ist doch genau der Mann, den wir bereits haben.«

Ich zündete mir eine Zigarette an und blies den Rauch vorsichtig zum Nachbartisch. Giuseppe brachte mir unaufgefordert noch ein Glas Grappa. Männer verstehen Geschlechtsgenossen in ihrer Bedrängnis.

»Wie würden Sie sich denn, einmal unabhängig vom Filmgeschehen, einen Mann wünschen?«

»Ich stehe auch persönlich voll hinter Tarzan«, antwortete die Dramaturgin, immer noch erregt. »Wenn ich etwas hasse, dann sind es diese Schlaffsäcke als lahme Opfer der Frauenbewegung. Diese Strudelwürmer. Diese verschachtelten Laberkisten mit Räucherstäbchen. Dieser permanent schwächelnde Typ, der sich ständig erklären muß.« Unter dem zarten Rouge auf Regas Wangen hatten sich zwei rote Punkte gebildet, die zusehends dunkler und größer wurden. »Der gebrechliche Mann ist doch keine Herausforderung mehr für Frauen wie mich. Ich will einen Mann, der sich zugleich aufrecht und katzenhaft bewegt, jawohl, ich will ihn auch ein wenig angerattet, und ich wünsche mir einen, der kurz und trocken zuschlagen kann, bevor die Situation danach schreit.« Sie griff erschrocken nach ihrer kostbaren Brille, und ich wartete gespannt auf die Reaktion ihrer Halswirbelsäule. Diesmal zuckte sie kurz mit der rechten Schulter, als müsse sie einen Raben davonscheuchen, der sich zum Einflüstern neben ihr Ohr gesetzt hatte. »Ich rede jetzt natürlich streng privat und nicht als Dramaturgin, Sie dürfen das nicht als *guideline* für Ihre Dialoge mißverstehen. Schenken Sie mir bitte eine Zigarette.«

Die Tische im Nettuno sind rustikal breit, ich mußte mich daher weit vornüberbeugen, um Rega Feuer zu geben. Vor Beugungen dieser Art warnt zu Recht jeder ergonomische Ratgeber. Natürlich kam es zu dem befürchteten Resultat, der schrillen Antwort der Lendenwirbel, ich schrie zwar nicht wie der klassische Tarzan, aber ich blieb keineswegs klaglos. Nur ein sehr enger Freund hätte mein Verhalten wohlwollend als den Ausdruck von allseits »gehärteter Sensibilität« deuten können. Der aufmerksame Giuseppe brachte mir ein Glas Wasser.

»Vielleicht wird es diesen Mann Ihrer Träume nie mehr geben«, wandte ich ein, »vielleicht droht dem ganzen Geschlecht die Versteifung. Tarzan war biegsam, doch er beherrschte nur die Affensprache. Vielleicht besteht da ein Zusammenhang. Denken Sie an Arnold Schwarzenegger. Aber auch der bewegt sich wie eine Maschine. Selbst Herkules ist heutzutage nur noch als starre Rakete bekannt. Es scheint sich um einen weltweiten Prozeß zu handeln. Ich habe soeben eine umfangreiche Untersuchung über südwestchinesische Stämme abgeschlossen, die eindeutig belegt: Auch dort haben die männlichen Rückenleiden so stark zugenommen, daß traditionelle Kulte nicht mehr durchgeführt werden können. Alle Lebensbereiche scheinen davon erfaßt zu sein, wobei es am härtesten natürlich die Erotik trifft.« Ich rutschte verlegen auf meinem Stuhl und löste damit einen erneuten, äußerst heftigen Schmerzschub aus.

»Sie haben ja die ganze Zeit nur über sich selbst geredet«, hörte ich die spöttische Stimme der Dramaturgin, nachdem ich wieder atmen konnte, »entschuldigen Sie bitte, doch darauf hätte ich wirklich schon früher kommen müssen. Wer mehr als drei Sätze lang über ein beliebiges Thema klagt, will auf das eigene Leiden aufmerksam machen. Das ist eine alte psychologische Regel. Dabei sehen Sie gar nicht so aus, als wäre früher das Von-Baum-zu-Baum-Schwingen eine Ihrer Leidenschaften gewesen.«

»Man kann auf die verschiedensten Weisen seine körperliche Perfektion einbüßen«, hielt ich ihr entgegen, Schmerz und Grappa hatten mich angriffslustig gestimmt, »Ihre Halswirbelbeschwerden stammen ja auch nicht von Näharbeiten. Aber kommen wir lieber wieder zurück zu Tarzan. Wenn Sie mich fragen, sollten Sie aus dieser Figur gleich eine Frau machen. Als Mann hat der Typ keine Zukunft. Der moderne Mann war Schöpfer und ist jetzt Opfer seines Sieges über die Natur. Alle näheren Auskünfte erteilt Ihnen jedes Rehabilitationszentrum.«

Rega schob achtlos das Glas Sambuca beiseite, das Giuseppe ihr zum Abschied serviert hatte. »Teilen wir uns die Rechnung?« fragte sie kühl.

Mein Artikel über die vom Untergang bedrohte Kultur der Dong in Südwestchina war ein großer Erfolg. Selbst in der Fachliteratur wurde ich wiederholt zitiert.

Frühe Krümmung

Eine meiner kürzesten Karrieren war die als Sargträger. Sie begann im Januar 1967 und endete unmittelbar nach dem 21. April desselben Jahres. Trotz dieser knappen Zeitspanne beförderte sie mein Bild auf die Titelseiten der Weltpresse. Das ist dokumentiert, doch nur wenige meiner Freunde kennen die näheren Umstände. Deshalb will ich die Geschichte hier erzählen. Sie gibt überdies eine Antwort auf die Frage, wie mein Kreuzweg angefangen hat.

Alles begann mit einem verhängnisvollen Mißverständnis: Das zuständige Kreiswehrersatzamt hatte mir einen Brief geschickt, in welchem ich aufgefordert wurde, mich zu einem bestimmten Datum in einer Kaserne der Bundeswehr zur Musterung einzufinden. Damals studierte ich in Heidelberg Sinologie und Religionswissenschaften, zwei äußerst spannende Fächer, deren genauere Kenntnis mir wichtiger schien als jener »Dienst an der Waffe«, den das Schreiben des Kreiswehrersatzamtes erwähnte. Für Waffen hatte ich als zwölf- oder dreizehnjähriger Bub geschwärmt, jetzt galt meine Hingabe der östlichen Mystik. Meine Helden hießen nicht mehr Tom Prox oder Sigurd, sondern Fa Xian und Kumarajiva. Ich wählte die im Briefkopf angegebene Nummer und teilte einer Beamtenstimme mit, daß ich als praktizierender Buddhist den Kriegsdienst verweigern müsse.

Das nehme sie zur Kenntnis, antwortete die Beamtenstimme, es werde darüber ein Vermerk angelegt, doch für das von mir angestrebte Verfahren sei unbedingt eine schriftliche Einlassung erforderlich. Außerdem ändere das nichts an meiner Verpflichtung, mich zur ärztlichen Musterung in die Kaserne zu begeben.

Kennern dieser Prüfung ist bekannt, daß sich die Untersuchung allein auf das physische Erscheinungsbild der Kandidaten konzentriert. Der Geisteszustand der künftigen Soldaten wird nicht erfaßt. Ich war damals spindeldürr. Vom Scheitel bis zur Sohle entsprach ich der euklidischen Definition einer Linie als der kürzesten Verbindung zwischen zwei Punkten.

»Das wird sich ändern«, sagte der joviale Arzt, der über meine Tauglichkeit urteilen mußte. »Wenige werden bei uns so entlassen, wie sie eingestellt worden sind.«

Auch bei mir sollte sich dieser Satz bewahrheiten, was mit dem eingangs erwähnten Mißverständnis zusammenhing. Wenige Wochen später wurde ich zu einer Sitzung einbestellt, in welcher eine übelgelaunte Kommission darüber zu befinden hatte, ob ich tatsächlich triftige Gewissensgründe vorbringen konnte, die mir den Waffendienst untersagten. Als ich darauf hinwies, daß ich bereits beim ersten Kontakt mit der entsprechenden Behörde meine unausräumbaren religiösen Bedenken vorgetragen hatte, kramte ein Beisitzer in den Akten. Wie ich später erfuhr, hieß der Mann Stichnoth. Er hatte einen gnomenhaften Buckel, und sein Wesen war raffgierig. Ich erkannte das an den spitzen Zähnen und dem krallenhaften Griff nach Ordnern.

»Hier ist der Vermerk abgeheftet«, rief Stichnoth und

brach plötzlich in ein meckerndes Lachen aus, »hier steht …«, er unterbrach sich durch einen erneuten Anfall meckernder Heiterkeit, »hier steht: ›Tilman S. gab telefonisch zu bedenken, daß er jede Art von Leben prinzipiell für schützenswert hält, weil er praktizierender Tourist ist.‹«

Mit einem Schlag verlor die gesamte Kommission ihre Übelgelauntheit. Hände klatschten auf Schenkel, Brillen wurden abgesetzt, damit Taschentücher Tränen abwischen konnten, Herr Stichnoth krümmte sich vor Behagen. »Als praktizierender Tourist«, schrie er, »als praktizierender Tourist kann er keine Uniform tragen, kein Gewehr in die Hand nehmen, keinem Russen entgegentreten, denn er ist schließlich …«, Stichnoth reckte sich hoch und hielt den Ton in der Oberlage …

»Praktizierender Tourist«, jubelte die Kommission.

In einem Seminar über klassische Rhetorik hatte ich gelernt, daß bei öffentlichen Disputen die einmal erzeugte Stimmung stets die Oberhand gewinnt über rationale Begründungen. Es überraschte mich daher nicht, als ich einen Monat später lesen mußte, Buddhismus sei kein überzeugendes Argument gegen Kriegsdienst, weshalb meinem Begehren auf Verweigerung nicht stattgegeben werden könne.

An einem kalten Herbsttag erhielt ich meine Uniform. Der schwarze Kragenspiegel identifizierte mich als Angehörigen eines Bataillons, das der Waffengattung »Schwere Pioniere« zugeordnet war.

Die wesentliche Aufgabe von Pioniereinheiten, lernte ich in den folgenden Wochen, besteht darin, den eigenen Verbänden das Vorgehen zu erleichtern, dem Gegner hingegen das Vordringen zu erschweren. Dazu baut oder sprengt man vornehmlich Brücken, je nach Verlauf des Kampfgeschehens. Früher hießen diese Truppen »*Genie*corps«, was allerdings ausschließlich mit der Herkunft des Wortes »Inge*nie*ur« zu tun hat und nicht mit Einfallsreichtum oder Bildungsstärke der dieser Formation unterstellten Soldaten. Im Gegenteil: Gleich zu Beginn meiner etwas beschönigend »Ausbildung« genannten Formationsperiode erklärte uns ein Feldwebel, die wesentlichen Merkmale eines tüchtigen Pioniers bestünden darin, »dumm, stark und wasserdicht« zu sein. Aus eigener Erfahrung kann ich dieser Charakterisierung wenig Abweichendes hinzufügen, denn in der Tat beschäftigte uns bis Weihnachten eine Übung, die in den entsprechenden Dienstvorschriften des Heeres als das »Bewegen schwerer Lasten« firmierte. Mal bewegten wir schwere Lasten unter den fiktiven Bedingungen eines kriegerischen »Ernstfalls«, mal bewegten wir sie im sportlichen Vorgriff auf den befürchteten, bisweilen auch herbeigesehnten »Zustand der Verteidigung«. Wir schleppten stählerne Träger und hölzerne Eisenbahnschwellen, wuchtige Zementblöcke und spitze Schiffsteile. Meistens mußten wir dazu singen. Es regnete viel in jenem Herbst, und ich hatte Heimweh nach meinen Büchern.

In dieser Zeit wurde mein Körper immer breiter. Es wuchsen die Muskeln im Nacken, in den Schulterpartien und in den Oberschenkeln. Euklid hätte bei meinem Anblick eher an die geometrische Form eines Trapezes als an die Definition einer idealen Linie gedacht. Kurz vor Weihnachten erhielt ich aus der Kleiderkammer eine neue Uniformjacke.

An meinen Einspruch gegen den Kriegsdienst dachte ich kaum noch. Das Schreiben an die Behörde kam mir vor wie eine längst verlorengegangene Botschaft an die Schule des

Reinen Landes, vielleicht sogar an den Buddha Amitabha persönlich. In meiner neuen Umgebung herrschten andere Götter. Sie trugen Sterne oder Balken auf den gesteiften Schulterklappen, und ihre Sprache war roh. Studenten zählten nicht zu ihren Lieblingen.

Da wir aber hierzulande in einem Rechtsstaat leben, hatte die Behörde mich nicht vergessen. Gewiß, Monate waren inzwischen verstrichen. Ich hatte währenddessen gelernt, wie man durch eine unmerkliche Krümmung im Kniegelenk die eigene Körpergröße so vermindern kann, daß ein Gewicht stärker auf den weniger erfahrenen Vorder- oder Hintermännern ruht; ich befolgte stramm Kommandos, die nach dem Brüllsignal »Auf!« oder »Ab!« ausgeführt werden mußten, und sogar die Verse unserer Lieder konnte ich fehlerfrei aufsagen.

Zunächst verständigte die Behörde meinen Kompaniechef, der mich in sein Büro bestellte. Es kam zu den üblichen Raunzereien, Vorhaltungen und Androhungen, offenbar mußten zu meinem Fall schriftliche Stellungnahmen eingeholt werden. Der Kompaniechef haßte alles Schriftliche, mit Ausnahme von Bedienungsanleitungen für neue Gerätschaften, doch auch diese durften nur äußerst kurz gefaßt sein, um nicht seinen Unwillen zu erregen. Wir, ich will sagen: die Kompanie hatte schon zweimal einen Transportkran ruiniert, weil der Chef sich weigerte, die Ausführungsbestimmungen über den Gebrauch des Schwenkarms sorgfältig zur Kenntnis zu nehmen. Ganz zu schweigen von jenem peinlichen Vorfall während der Hochwasserkatastrophe von 1966, als die von uns montierten Brücken gleich doppelt so lang wurden wie erforderlich, weshalb … Doch das gehört nicht hierher.

»Haben Sie auch einmal über den Tod nachgedacht?« fragte mich der Kompaniechef. »Schließlich haben Sie doch studiert.«

Ich schlug die Hacken meiner Stiefel zusammen und meldete, daß mir im Zuge meiner Auseinandersetzung mit der buddhistischen Philosophie das Thema »Tod« tatsächlich bereits begegnet sei.

»Sie haben bei uns nichts verloren«, sprach der Hauptmann, fast glaubte ich ein wenig Bedauern aus seiner Stimme herauszuhören. »Sie wollen nicht schießen, also lasse ich Sie zu den Sargträgern versetzen. Den Tod kennen Sie ja, und Tragen haben Sie bei uns gelernt. Das wär's! Durchrühren und abtreten!«

Meine Uniform mit den schwarzen Kragenspiegeln durfte ich vorerst behalten. Die Beerdigungskompanie lag in der Nähe des Eifelgebirges und bestand aus einem locker zusammengewürfelten Haufen der verschiedensten Waffengattungen. Befehligt wurde sie von einem Major, dessen Vorfahren ihre Namen in die deutsche Militärgeschichte eingetragen hatten. Die meiste Zeit waren wir betrunken. Manchmal gab es Cola mit Rum, manchmal Cola mit Weinbrand, meistens Weinbrand mit Rum. Daher kann ich mich auch nicht erinnern, ob außer mir noch andere Buddhisten hier ihren Dienst verrichteten. Während unserer Einsätze galt die vornehmliche Sorge der deutschen Flagge und dem Helm. Beide bedeckten den Sarg, und man mußte höllisch aufpassen, daß sie beim Herablassen nicht mit ins offene Grab rutschten. Wir verfügten nur über eine einzige Fahne und einen einzigen Helm.

Niemand war im Heben so gut ausgebildet wie ich. Ganz gleich, auf welchem Boden, egal auch, ob Eiche oder Fichte, ich durfte und konnte zeigen, was ich gelernt hatte. Die Kameraden folgten meinem Beispiel, unser Major, wenn nüchtern, war stolz auf mich. Anfangs trugen wir noch einfache Gefreite zu ihrer letzten Ruhestätte, bald handelte es sich schon um die höheren Dienstgrade von Unteroffizieren. Entsprechend schwerer wurden die Särge. Anfang Februar zeichnete sich ab, daß man uns in absehbarer Zeit auch Offiziere oder gar Stabsoffiziere anvertrauen würde. Der Major träumte von einem neuen Aufstieg. Er lud mich des öfteren abends zu einem kleinen Umtrunk ein, um mit mir über das zu philosophieren, was er »die großen Zusammenhänge« nannte. Sein Lieblingsprojekt war eine Denkschrift, von der allerdings noch nicht mehr als der Titel feststand: Sie sollte »Das stählerne Kreuz im 20. Jahrhundert« heißen.

Am 19. April starb Konrad Adenauer.

Die Meldung erreichte uns nach einem kleineren Einsatz auf dem Dorffriedhof der Nachbargemeinde. Der Major ließ uns antreten und erklärte in bewegten Worten, was dieser Tod für den Frieden, für die Zukunft der westlichen Gemeinschaft sowie für die Truppe bedeute, die er befehligte. Offenbar hatte er inzwischen schon die vertrauliche Nachricht erhalten, daß es zu einem Staatsbegräbnis kommen werde, wie es die Republik noch nicht erlebt hatte. Er redete ein wenig wirr über Dienstgeheimnisse, die er nicht preisgeben dürfe, und die Würde des Todes. Dann ordnete er für uns alle eine strikte Alarmbereitschaft an, selbst auf den Stuben sei der Konsum berauschender Getränke strengstens untersagt.

Gegen zehn Uhr abends beorderte er mich in sein hell erleuchtetes Büro. An der Wand hinter seinem Schreibtisch hingen Militärkarten, auf denen der Verlauf aller möglichen

Straßenverbindungen zwischen dem Haus des Verstorbenen und dem Kölner Dom dunkelrot markiert war.

»Wir müssen vorbereitet sein«, sagte der Major mit heiserer Stimme, »vorbereitet und zu allem entschlossen. Noch ist die genaue Route für den Leichenzug nicht festgelegt, doch die operative Bewegung muß sich auf eine Straßenlänge von mehr als hundert Kilometern einstellen. Ich habe den zuständigen Stellen unsere permanente Einsatzbereitschaft signalisiert. Vorläufig halten wir uns für einen mobilen Eingriff zur Verfügung. Man ist höheren Orts bereits auf uns aufmerksam geworden, ich habe keinen Zweifel, daß wir zum Zuge kommen. Nehmen Sie sich ein Glas, der Stoff liegt im Kühlschrank. Was wiegt eigentlich so ein Staatssarg?«

Die Frage traf mich unvorbereitet. Ich murmelte etwas von schweren Hölzern, von Beschlägen aus Metall, vom Gewicht der Leiche. Die Wacholderflasche war erst zu einem Drittel geleert.

»Wir berechnen einfach das Doppelte«, sagte der Major. »Auf dem Parkplatz liegen alte Heizkörper, die füllen wir gleich mit Wasser. In einer halben Stunde lasse ich die Männer antreten. Sie bringen ihnen bei, wie man die Dinger mit Würde trägt, ich schleife ihnen den Schritt.«

Erst am frühen Morgen des nächsten Tages brach der Major die Übung »Überführung Adenauer« ab. Die meisten Kameraden waren danach nicht einmal mehr imstande, auch nur ihre Socken vorschriftsmäßig auf die dafür vorgesehenen Sitzflächen der Stühle zu heben. Enge Freunde mußten ihnen die Bierflaschen an die Lippen führen.

Die nächsten zwei Tage verstrichen mit angestrengtem Warten. Uniformen wurden auf Hochglanz gebracht, Stiefel gewachst und poliert. Auf dem Exerzierplatz lagen die gefüllten Heizkörper, doch der physische Zustand der Truppe ließ den Major von weiteren Übungen absehen. »Wir sollten es als ersten und entscheidenden Erfolg verbuchen«, vertraute er mir an, »daß wir in Erwägung gezogen wurden. Und zwar höheren Ortes. Ich kenne die Lage, jetzt kann niemand an uns vorbei. Ich sage nur: Stählernes Kreuz. Ich sage nur: Wo warst du damals, wo warst du bei Adenauer?« Er lachte wissend, ein wenig zu laut, ein wenig zu unbestimmt, und an seinem Atem roch ich eine gewisse Entspannung.

Die Kunde, daß wir nicht ernsthaft gefordert waren, verbreitete sich unter der Mannschaft in Windeseile. Der Krankenstand kletterte im Stundenrhythmus, Urlaubsscheine wurden eingereicht, der Kantinenpächter schleppte die Kästen persönlich auf unsere Stuben. Viele sollten im Sommer entlassen oder in den Zivildienst überführt werden, jetzt schlug für sie eine frühe Stunde der Ausgelassenheit.

Daher war auch ich nicht mehr nüchtern, als der Major plötzlich vor mir stand. Nein, »stand« ist hier nicht das richtige Verb. Der Major pendelte vor mir wie ein angeschlagener Boxer, der erfolgreich einen Schlaghagel des Gegners ausgehalten hatte. Sein Gesicht durchzogen Äderchen, die mich an die Straßenkarte hinter seinem Schreibtisch erinnerten. Der Major schrie: »Ersatz! Hurra, Ersatz!« Dann winkte er mich an seine Seite.

Eine halbe Stunde später kannte ich das volle Ausmaß seines Glücks. Natürlich durften wir nicht persönlich Hand an den Sarg legen, jedenfalls nicht, wenn alles so ablief wie geplant. Aber wir waren zur Bereitschaft abkommandiert worden. Nicht zu irgendeiner Bereitschaft entlang der Straße, die längsten Passagen sollten ja ohnehin mit dem Schiff zurückgelegt werden (»keinen Mumm im Kreuz«, bemerkte der Major dazu verächtlich), nein, unser Einsatzort lag direkt im Zentrum.

»Sie denken jetzt an die Kölner Innenstadt«, sagte der Major, »doch ich wiederhole: direkt im Zentrum. Nämlich dort, wo die Musik spielt.«

Ich merkte ihm an, daß er gerne »Musike« gesagt hätte, in Momenten der gesteigerten Erregung verfiel er leicht in eine Dialektfärbung, die der Rheinländer für Preußisch hält.

Der Major legte seinen Arm auf meine Schulter. »Morgen früh stehen wir vor dem Hochaltar im Dom«, rief er. Es klang wie die Einladung zu einer Eheschließung.

Tatsächlich mußten wir uns noch in der späten Nacht in Köln einfinden. Im Kirchenschiff der Kathedrale herrschte zu dieser Zeit ein reges Treiben von uniformierten Trauerdarstellern. Der verhaltene Marschschritt wurde geprobt, daneben Sicherheitseinsätze, gedämpfte Trommelwirbel und das unauffällige Entfernen eventueller Opfer von Ohnmachtsanfällen. Es stand sogar ein Ersatzsarg zur Verfügung, den die geschmeidigen Angehörigen eines Wachbataillons so mühelos hoben und senkten, als müßten sie am nächsten Morgen das »Frühlingsopfer« von Strawinsky aufführen.

»Unser Einsatz beginnt erst um vier Uhr«, sagte der Major, »doch vorher üben wir noch.«

Wir verließen die Kirche. Die Heizkörper hatten wir nicht mitgebracht, deshalb versuchten wir, unseren Mannschaftswagen wie einen Sarg auf die Schultern zu bekommen. Leider hatte die linke Seite der Formation meine Anweisungen zum Übergang von »Hub« auf »Schub« nicht richtig behalten, wir

gerieten in eine gefährliche Schräglage, zerbeulten einen Kot-
flügel, drückten einen Scheinwerfer ein und mußten die
Übung hastig abbrechen.

Der Major schimpfte, aber ohne rechte Überzeugung.

Also bezogen wir zu der angeordneten Zeit unsere Position. Ich rechnete nicht mit irgendwelchen Komplikationen,
schließlich standen wir ja nur als Ersatz vor dem Hochaltar:
vier Stunden Wache, spätestens um acht Uhr in der Frühe würden wir abgelöst werden, exakt zwei Stunden vor Beginn des
feierlichen Requiems.

Leider passierte nichts dergleichen. Wir standen, wie wir
zu stehen gelernt hatten, doch es erschien kein Ersatz. Chöre
intonierten Gesänge, um das Stimmvolumen auf die vorherr-
schende Akustik einzustimmen, der Organist gab das Seine
dazu, schwarzgewandete Sicherheitsbeamte überprüften die
Kirche auf Sprengstoffverstecke.

Wir standen und warteten. Es war April und kalt und
feucht.

Der Dom begann sich zu füllen. Ich erblickte Charles de
Gaulle, Lyndon B. Johnson und Heinrich Lübke. Sie schrit-
ten gemessen auf uns zu. Hinter ihnen näherte sich uns der
Sarg. Getragen in perfekter Haltung.

Die Kameras der Weltpresse blitzten auf, Meßdiener ent-
zündeten ihre Rauchopfer.

Und genau in diesem Moment ereilte uns das Verhängnis.
»Uns« bezeichnet hier mich und meine Kameraden, die wir
links vor dem Hochaltar einen Flügel bildeten. So waren wir
in der Lage, sowohl das Leben von Heinrich Lübke, Charles
de Gaulle oder Lyndon B. Johnson zu schützen als auch den
Sarg jederzeit schleunigst abzutransportieren.

Aber unser äußerer Flügelmann konnte seine Blase nicht mehr beherrschen. Es handelte sich bei diesem Mann um einen gelernten Werkzeugmacher aus Duisburg, der mir stets als die Inkarnation der Ruhe erschienen war. In unserer Beerdigungskompanie schätzten wir ihn ob seiner Würde und seines strengen Profils, welches den Hinterbliebenen Respekt einflößte.

Jetzt pißte er. Wie wir alle es gelernt hatten, pißte er, ohne eine Miene zu verziehen, in seine Stiefel.

Lag es daran, daß wir sechs Stunden regungslos hatten stehen müssen? Oder war er einfach gedemütigt durch den Anblick der perfekt inszenierten Ablieferung des Sarges durch diese alberne Bataillonstänzertruppe? Im Rückblick würde ich eher die Bedingungen des Kölner Doms in Zeiten des Frühjahrs für verantwortlich erklären. Es war, wie gesagt, kalt und feucht.

Sobald das erste scharfe Geruchssignal aufgestiegen war, konnte sich keiner von uns mehr beherrschen.

Die damaligen Häupter der Staaten leben nicht mehr, deswegen weiß ich nicht, wie sie reagierten, als ihnen vom Hochaltar jene eigenartige Duftmischung aus Weihrauch und Urin entgegenschlug.

»Männer, ich war stolz auf eure Haltung«, sagte der Major, nachdem wir uns zum Sammeln wiedergefunden hatten. Meine Mutter weinte, als sie mein Foto in der Zeitung sah.

Zehnter Wirbel

Der Stau

Es ist seltsam, daß die Vorkommnisse, welche in unserer Stadt
für eine so große Verwirrung sorgten, erst nach einer Woche
auf eine gemeinsame Quelle zurückgeführt werden konnten.
Die wichtigen Nachrichten verbreiteten sich zwar schnell,
doch bei ihrer Übertragung verloren sie an Deutlichkeit,
manchmal hatte es den Anschein, als hätte ihnen jemand
flink ein anderes Kostüm übergestreift, die Ohren oder den
Schwanz kupiert, vielleicht auch einen Korb vors Maul ge-
hängt.

Auch ich maß dem ersten Vorfall anfangs keine größere
Bedeutung bei: Auf der Kreuzung zwischen Maximilianstraße
und Altstadtring, dort, wo sich die Autos, die zum Regie-
rungspalast streben, mit denen kreuzen, die sich von ihm entfernen wollen, war am Morgen jenes Tages, als alles seinen
Anfang nahm, die Ampelanlage ausgefallen. Ein motorrad-
fahrender Polizist erschien wenig später, um das elektrische
Signalsystem durch die entsprechenden Handzeichen zu ersetzen; ein bulliger Kerl aus Niederbayern mit sehr flacher
verpickelter, fast fliehender Stirn, der sich bei seiner späteren
Einvernahme als Stotterer erwies, was aber für den vorliegen-
den Fall völlig belanglos ist.

Dieser Polizist, so erzählte mir noch am selben Nachmittag der Pächter eines direkt an der Kreuzung liegenden italienischen Restaurants, habe dreimal den Verkehr in nordsüdlicher Richtung und genauso häufig in westöstlicher Richtung passieren lassen, dann sei er beim Versuch, den rechten Arm abzuwinkeln, plötzlich erstarrt, wie ein *semifreddo*, das im Gefrierfach vergessen worden war. Der Pächter redete etwas wirr von einem *spettàcolo*.

Nach mehreren Karambolagen, in die auch Regierungslimousinen verwickelt waren, erlebte das Staugeschehen dieser Stadt binnen kürzester Frist einen ungekannten Höhepunkt. Gut nur, dachten wir erfreut, daß sich der Eklat so direkt vor den Augen der politischen Macht ereignet hatte. Denn auf unsere Macht ist Verlaß. Es überraschte daher niemanden, daß schon nach wenigen Stunden die gleichsam naturwüchsige Verstopfung der Straßen durch staatliche Ordnungseingriffe zu systematischem Chaos wurde. Schließlich mußte ein Hubschrauber des Militärs einfliegen, um den erstarrten Polizisten durch einen beweglicheren Kollegen zu ersetzen. Ersterer sei wie ein ungeliebtes Denkmal abtransportiert worden, wußte der italienische Pächter zu berichten, eine Szene, die ihn an die Demontage von Mussolini-Statuen erinnert habe.

Nun wäre dieser Vorfall nicht weiter erwähnenswert, hätten sich in der Stadt nicht praktisch gleichzeitig auch noch andere Merkwürdigkeiten zugetragen. So kam es in der Nähe der Feldherrnhalle zu einer häßlichen Prügelei, die offenbar durch zwei Stadtstreicher ausgelöst worden war, von denen der eine behauptete, er sei provoziert worden, weil der andere – ein gewisser Werner F. – den Hitlergruß vorgeführt habe. Dieses sei ihm als altem Sozialdemokraten unerträglich gewesen, und als sein Kontrahent trotz mehrerer Warnungen den Arm nicht sinken ließ, habe er ihm eben »eine hinein-gesemmelt«.

Werner F. gab zu Protokoll, er habe nur seinen Hut lüften wollen, um sich für eine kleinere Geldspende zu bedanken, sei dann aber schlagartig »im Kreuz« von einer unerklärlichen Steifheit befallen worden, so daß er sich gegen die bald auf ihn herabprasselnden Schläge nicht einmal mit Fußtritten habe wehren können. Politisch habe er, im Grunde genommen, »keine besonders tiefen« Überzeugungen, aber Diktaturen lehne er seit langem schon »prinzipiell, und zwar hundert-prozentig« ab.

Leider hatten einige der Umstehenden Partei ergriffen, das Recht auf freie Meinungsäußerung verteidigt, an ihre Kriegs-vergangenheit erinnert oder empört darauf hingewiesen, daß man sich an einem historischen Ort befinde, der bestimmte Gesten einfach verbiete.

Nachdem ein mobiles Einsatzkommando die öffentliche Ruhe wiederhergestellt hatte, zählte die Notaufnahme eines nahegelegenen Krankenhauses zwanzig Fälle leichter bis mit-telschwerer Verletzungen. Unter den Opfern sollen auch Poli-zisten gewesen sein.

Noch toller ging es im Justizpalast zu. Sowohl in der Ersten wie in der Zweiten Strafkammer blieben beim feier-lichen Eintreten der Richter zur Urteilsverkündung nicht nur die Angeklagten, sondern auch deren Verteidiger und die meisten Staatsanwälte unbeweglich auf ihren Holzbänken hocken. Merkwürdig war nur, daß ausschließlich Männer von der Versteifung erfaßt wurden, und zwar ganz ungeachtet ihrer Position im Prozeß der Rechtsfindung.

»Wie festklebende Fliegen«, erinnerte sich kichernd die wegen eines Verkehrsdeliktes einbestellte Zeugin Verena A.

Es hagelte natürlich Verwarnungen, wiederholte Verwarnungen, Androhungen von Bußgeldstrafen wegen ungebührlichen Verhaltens, ersatzweise Haftstrafen, kurz, es dauerte nicht lange, bis die entsprechenden Gerichtssäle »unter Zwang« geräumt werden mußten, wobei jedoch der Vollzug dieser Maßnahmen teilweise daran scheiterte, daß die Handlanger der Staatsgewalt selbst von gravierenden Lähmungserscheinungen in Armen und Beinen befallen waren, die ihnen, wie später protokolliert wurde, »die in der Dienstvorschrift niedergelegte Ausübung ihrer Pflichten weitgehend verunmöglichte«.

Dem Krisenstab, den das Innenministerium eiligst zusammenrief, gehörten der vor wenigen Jahren pensionierte Obermedizinalrat Prof. Dr. (mult.) Waldemar M. und dessen Intimfeind, der Polizeipsychologe Karl-Heinz P., an. Wie immer konnten sich die geladenen Sachverständigen nicht auf eine gemeinsame Diagnose einigen. Während Prof. M. von einer vermutlich durch einen unbekannten osteuropäischen Virus ausgelösten »galoppierenden Lumbago« sprach, sah Karl-Heinz P. die Ursache in einer »lalopathologischen Veränderung der maskulinen Körpersprache«, wie sie bereits in einem frühen Brief Freuds an C. G. Jung beschrieben worden sei. Der sich anschließende Streit zwischen den beiden Experten wurde durch zahllose unverständliche Begriffe weiter angeheizt, die wie glitzernde Giftpfeilchen zwischen den Kontrahenten hin- und herflogen.

»Und was sollen wir jetzt anordnen?« unterbrach Staatssekretär G. barsch die Auseinandersetzung. Er haßte alle medizinischen Sachverständigen, was nebenbei auch damit zusammenhing, daß er als Schüler auf seinem Gymnasium in Plattling das Fach Latein bereits bei der ersten Möglichkeit abgewählt hatte.

Wenn es sich um einen osteuropäischen Virus handele, sei wohl in erster Linie die Ausländerabteilung des Kreisverwaltungsreferats im Verfügungszwang, bemerkte ein junger Referent. Ob man nun sogenannte Wirtschaftsasylanten einschleppe oder aber gefährliche Viren, müsse juristisch als gleichbewertungswürdig eingestuft werden.

»Es geht nicht um Viren«, protestierte der Psychologe, »es geht um die Begrenzung von männlichen Haltungsschäden.«

Doch niemand hörte ihm mehr zu. Als Professor M. dann noch höhnisch von »angeblichen Entvirilisierungserscheinungen« redete, räumte P. empört das Sitzungszimmer. Am späteren Nachmittag verdrosch er seine Frau, die ihn daraufhin für immer verließ. Was danach aus ihm geworden ist, konnte mir nicht einmal der italienische Pächter sagen.

Der Polizeipräsident bot an, die Erreger jener männlichen Haltungsschäden »gleichsam generalpräventiv« in einer umfassenden Operation zu isolieren. Dafür biete sich das Verfahren an, das, vor ein paar Jahren erprobt, als »Münchner Kessel« berühmt geworden war. Dieser Vorschlag fand seine Befürworter, wurde aber schließlich verworfen, weil der Obermedizinalrat (»ich muß hier auch einmal unsere Fürsorgepflicht ansprechen«) auf das hohe Sicherheitsrisiko für alle an der Aktion beteiligten Beamten hinwies.

»Gut möglich, daß sie dann nicht mal mehr den Schlagstock runterkriegen«, warnte der Professor, »ganz zu schweigen vom Anlegen der Handfesseln.«

»Und wenn wir bei dem Einsatz nur unsere weiblichen Sicherheitskräfte mobilisieren?« fragte der junge Referent. »Soviel ich weiß, sind erst in der letzten Woche verläßliche neue Polizistinnen aus Mittel- und Oberfranken eingetroffen. Gutgewachsene, durchtrainierte und unverbildete Mädchen mit sauberer Herkunft. Die könnten wir jetzt heranziehen. Gleichberechtigung setzt schließlich auch eine gemeinsame Opferbereitschaft voraus. Außerdem weiß ich aus der Literatur, daß Frauen bei diesbezüglichen Beschwerden immer nur am Nacken befallen werden. Jedenfalls echte Frauen. Für eine Verbringung in den Sicherheitsgewahrsam braucht man die Nackenpartien so gut wie überhaupt nicht.«

Der Staatssekretär erhob sich schwerfällig, wanderte um den Tisch und verpaßte seinem Referenten eine schallende Backpfeife.

Offenbar wollte er ihn auch noch gegen das Schienbein treten, doch plötzlich erstarrte er. Nur seine Augen blitzten so lebhaft-zornig wie zuvor. Der Polizeipräsident griff ihm unter die Achsel und geleitete ihn vorsichtig zurück zum Sessel.

»Die Überschriften in der Presse haben Sie sich wohl auch schon ausgedacht«, brüllte der Staatssekretär den Referenten an, der sich ein blaßblaues Taschentuch an die schmerzende Wange hielt. »›Frauen zurück an den Kessel!‹ Oder: ›Münchner Kessel jetzt wieder in Frauenhand!‹ Sie sind ein Schwachkopf. Sie haben hier nichts verloren. Scheren Sie sich davon!«

Der Referent, nunmehr auf beiden Wangen rot, verließ eilig den Sitzungssaal. Die Runde versank in Schweigen. Durch die rauchverglasten Fenster der Staatskanzlei drang das hilflose Flehen von Martinshörnern.

»Wir müssen ein Zeichen setzen«, rief der Staatssekretär, »wo das Reagieren nicht hilft, ist das Zeichen gefordert: ein Zeichen für unsere Entschlossenheit, für männliche Kraft, für dieses ›Macht euch die Erde untertan!‹ – ein politisches Signal!«

Die Martinshörner verstummten, zwölf Augenpaare blickten ihm erwartungsvoll entgegen.

»Laßt uns also für den Verkehr einen Tunnel bauen«, sagte der Staatssekretär.

Plötzlich war alles wieder vorbei.

Elfter Wirbel
Die Melone

Warum Alejo noch aufrecht gehen kann, ist uns allen ein Rätsel. Alejo lebt mit seinem Hund in einem dunklen, halbverfallenen Steinhaus in der Talsenke. Dort streicht der Wind vom Meer vorbei, Tag für Tag und immer feucht. Die Nachbarn nennen den Wind in ihrer Sprache launig »Salzstreuer« oder erbittert »Krötenzunge«. Er leckt nämlich beständig am Bettzeug und an der Wäsche und läßt sie vermodern.

Alejo ist Schäfer. Das trägt zum Rätsel bei. Denn die Abhänge in unserem Tal sind steil und steinig. Für die Tiere bedeutet das kein größeres Ungemach, sie klettern, rutschen ab, klettern weiter und verharren in ihrer schrägen Freß- oder Köttelstellung, wie es schon Generationen vor ihnen gemacht haben. Das Schaf kann rebellisch sein, doch Steillagen nimmt es mit Gleichmut.

Für die Gesundheit des Mannes ist dagegen die Steillage eines Geländes ein genauso erbitterter Widersacher wie die Feuchtigkeit von Bettwäsche. Der subtile Muskelapparat, der uns den ungestörten Bewegungsablauf erhalten soll, reagiert äußerst empfindlich auf überraschende Belastungen durch unebenes, steinbepacktes Gelände – und über den fatalen Einfluß von feuchten Laken auf die Motorik des Nacken-Lenden-Bereichs sind schon viele verdienstvolle Abhandlungen zum Druck gelangt.

Vor ein paar Jahren hat sich Alejo von einer kleinen Erbschaft einen alten Motorroller gekauft. Auch Motorroller sind allenfalls dann rückenfreundlich, wenn sie auf plüschig asphaltierten Straßen bewegt werden. Doch in unserer Gegend, im Südosten der Insel, ist ein Weg die kürzeste Verbindung zwischen zwei Schlaglöchern. Von Straßen reden wir nur, wenn das Gespräch auf die nächste Kreisstadt kommt. Als ich den Schäfer zur letztjährigen Weihnacht an die Gefahr erinnerte, welche diese Krater für seine Rumpfmuskulatur bedeuten, wünschte er sich zum Fest nicht etwa neue Stoßdämpfer, sondern einen gepolsterten Sturzhelm.

Damit will ich aber nicht andeuten, daß mein Nachbar Alejo Kreuzleiden gegenüber unempfindlich ist. Als mich im späten Herbst der »Knick« heimsuchte, alarmierte Alejo seine Schwester Isabell, deren Mann Montserrat und beider Tochter Maria. Gemeinsam gruppierten sich die vier um mein Lager. Maria klopfte auf die Bettdecke und zupfte am Kopfkissen, Isabell hielt mir eine halbwarme, mit Knoblauch eingeriebene Hammelkeule unter die Nase, und Montserrat fluchte über das Klima sowie über die sozialistische Regierung in Madrid, die ein solches Klima erst geschaffen habe.

»*Hombre*«, rief er, »wir leben in schwierigen Zeiten, da heißt es, dem Schicksal mit den Zähnen ins Gesicht zu blecken.«

Montserrat sagt immer »*hombre*« zu mir, vielleicht, weil er sich meinen Namen nicht merken kann, vielleicht auch, weil er so viele Stunden vor dem Fernsehapparat verbringt und dabei zu dem Schluß gekommen ist, daß Ausländer diese Anrede besonders schätzen.

Dann befahl er mir aufzustehen, mich mit dem Gesicht

zur Wand zu stellen und die Arme so auszustrecken, als würde ich an ein Kreuz geschlagen. Ich folgte ihm willig. Die beiden Frauen betrachteten zunächst interessiert, wie sich mein steifer Torso mühsam aus den Decken zu schälen versuchte, wandten ihren Blick aber plötzlich zur Seite. In diesem Moment wurde mir klar, warum die meisten spanischen Darstellungen unseres leidenden Heilands mit so delikat holzgeschnitzten Tuchwindeln im unteren Lendenbereich versehen sind.

Der Begriff »Rückenhygiene« beschreibt viele Anwendungsbereiche, dem schmerzerfahrenen Patienten sind die wenigsten neu. Uns ist bekannt, was es bedeutet, wenn sich die Großzehe nicht mehr heben läßt, und wie wir darauf zu reagieren haben. Genauso virtuos wissen wir mit einer Störung der Fußsenkermuskeln umzugehen. Bei Strahlen denken wir schon längst nicht mehr an ein freudiges Kindergesicht, dafür aber an die eine unserer Gesäßhälften, in welcher der Schmerz (hoffentlich) seinen Endpunkt findet. Oder gar an beide. Und beten inbrünstig, daß es nicht in Kürze zu einer Operation kommen muß.

Unbekannt ist dafür den meisten von uns das Gefühl, von einem bulligen Mann mit der Schulter einen Stoß in die linke Hüfte versetzt zu bekommen, dem ein ebenso starker Stoß in die rechte Hüfte folgte. Das Pferd eines Picadors muß ähnliches empfinden, wenn der gepeinigte Stier nicht mehr in der Lage ist, zwischen Ursache und Wirkung zu unterscheiden. Wie Montserrat es übrigens fertigbrachte, bei dieser Aktion nicht mit dem Kopf gegen die Wand zu prallen, ist mir heute noch schleierhaft.

»Danke«, sagte ich, sobald die Lungen nach langem Protest das Ausstoßen von Worten zuließen, und kroch wieder zwischen meine Laken. Ich fühlte mich so steif und gläsern zerbrechlich wie zuvor und war dankbar für das Leinentuch, das mich vor der Welt schützte.

Die Familie betrachtete mich nachdenklich.

»Er liegt falsch«, befand Alejo nach einer Weile. »Die Unterlage ist zu weich, und der Kopf müßte nach Osten blicken. Wir sollten ihn auf den Eßtisch vor dem Küchenfenster legen.«

Ich war viel zu schwach für einen Protest. Maria und Isabell breiteten eine Wolldecke auf der Eichenplatte aus, die beiden Männer packten das Bettzeug oberhalb meines Kopfes und unter meinen Füßen und schleppten mich wie ein schweres, frisch erlegtes Stück Wildbret in die Küche. In der neuen Lage schaute ich tatsächlich nach Osten. Vor dem Haus weideten Alejos Schafe, um die Mandelbäume standen junge Männer, die mit langen metallenen Stangen gegen die Äste schlugen, um die Nüsse herabregnen zu lassen. Vielleicht hatte Alejo ja recht, der Anblick der Schafe wirkte beruhigend, und das Bild der fröhlichen Männer, die in der Abendsonne ihre glitzernden Stangen schwenkten, erinnerte mich lebhaft und entspannend an Belastungen aus meiner Vergangenheit, denen ich mich nie mehr würde aussetzen müssen.

Bevor er den Motorradhelm aufsetzte, drückte mir Alejo seinen Schäferstock in die Hand. »Ich komme wieder«, versprach er, »wenn es schlimmer wird, bringe ich dich mit meiner Maschine zum Arzt.«

Die Vorstellung einer Geländefahrt auf dem Hintersitz seines Gefährts löste in meiner Rückenmuskulatur spontane Versteifungen aus. Schweißperlen tropften von meinen Augenbrauen.

»Es wird sicher nicht nötig sein«, antwortete ich schwach und flachatmig, »trotzdem vielen Dank!«

Montserrat stellte die Cognacflasche, aus der er sich bedient hatte, zurück in die Anrichte. »Morgen ist alles vorbei«, lachte er, »zwei Stöße von meinen Schultern, das muß auch für deinen schweren Körper genügt haben. Morgen gibt es bei uns ein großes Abendessen: Schweinebauch, Fischleber und Vogelsuppe, dazu jede Menge Süßigkeiten. Bis dahin fühlst du dich wieder prächtig, und danach bist du so satt, daß dir die Lust am Laufen sowieso vergangen ist. Du mußt kommen, für mich, meine Familie und meine Freunde ist das eine Frage der Ehre, das verstehst du doch. Schließlich war ich dein Retter.«

Zum Abschied sagte er noch einmal »*hombre*« zu mir, Isabell spülte sein Cognacglas aus, Maria zupfte an meiner Nackenrolle. Dann endlich schloß sich eine gnädige Tür hinter meinen Besuchern.

Das Feld der Rückenhygiene, ich habe es bereits angedeutet, ist so weit wie die Tundra. Man kann sich darin verlieren, doch es tauchen immer wieder bestimmte Zeichen auf, die dem Herumirrenden wie Wolkenformationen deutliche Warnungen vermitteln. In der einschlägigen Literatur taucht der Begriff »Abendessen«, präzisiert durch die näheren Bestimmungen »Schweinebauch«, »Fischleber« und »Vogelsuppe«, unter diesen Unglücksboten zwar nicht auf, doch ich wußte die Zeichen zu lesen. Zudem erinnerte ich mich überdeutlich, daß mir ein anderer Nachbar, ein architekturvernarrter Holländer, das Haus von Montserrat einmal mit den schwärmerischen Worten »rustikale Aktualität« beschrieben hatte. Es war demnach nicht verfallen wie das seines Schwagers, doch genauso feucht und zugig – und dank der unerbittlichen Gast-freundschaft, die den Bewohnern unseres Tals zu eigen ist, würde sich das Mahl über viele Stunden hinziehen, Stunden, in denen es kein Entkommen von den schmalen Holzbänken gab, auf welchen die Eingeladenen dichtgedrängt sitzen.

Bei der bloßen Vorstellung wurde mir so schwer ums Herz, daß sich eine heftige körperliche Gegenreaktion ein-stellte, die mich fast auf Genesung hoffen ließ. Gestützt auf Alejos Stock, gelang es mir immerhin, nach mehreren müh-samen Korkenzieherbewegungen das Bad zu erreichen. Als ich mich danach wieder auf dem Lager entkrümmt hatte, war mir klar, ich würde noch am nächsten Tag abreisen müssen.

Der heftige Regen, der bald darauf einsetzte, bestärkte mich in meinem Entschluß.

Am nächsten Tag schien wieder die Sonne. Auf dem Weg zum Flughafen machte ich kurz bei Montserrat halt, um ihm die höfliche Ausrede mit dem überraschenden Anruf, dem Zwang zum sofortigen Aufbruch samt allen Nebenlügen per-sönlich zu übermitteln. Mit etwas Glück könnte ich ihm die Botschaft sogar durch das geöffnete Seitenfenster meines Autos zurufen. Mein Körper war zwar weniger steif als tags zuvor, doch das mühsame Ein- und Aussteigen erforderte immer noch die gefürchteten Stemm-, Dreh- und Abstütz-manöver.

Ich hatte kein Glück. Zwar schlugen die Hunde an, zwar stob das Federvieh auseinander, doch der Rest der Familie blieb im Haus. Also begab ich mich auf den sanft ansteigen-den Weg über den Hof, schlitterte durch Schlamm und Hüh-nerkot und fand Isabell in der Küche. Sie nahm die Nachricht mit artigem Bedauern entgegen, unterbrach dabei das Rühren in ihrem großen Topf bloß einmal, um mir ein Vögelchen zu zeigen, dessen magerer Körper im Fett ihrer Schöpfkelle schwamm. Meinen Abschiedsgruß brachte ich nur mit Anstrengung über die Lippen.

Auf dem Rückweg rief plötzlich eine dröhnende Stimme: »*Hombre*, nimm das zum Abschied!« Montserrat war hinter seinem Schuppen aufgetaucht, in seinem Arm trug er eine große Wassermelone. Mit weit ausgeholtem Schwung warf er sie mir zu. Ich machte einen Schritt nach vorn, fing die Melone, glitt aus, strauchelte und schlug dann hart mit dem Rücken auf jenes Gemisch aus Zement, Schlamm und Entenscheiße, das Montserrat als Parkplatz für seine Gäste nutzt.

Als ich wieder zu mir kam, hielt ich die Melone fest umklammert. In meinem Hirn verkündete eine helle, mir unbekannte Stimme in unablässigen Wiederholungen: »Beim Heben mit krummem Rücken wird die Wirbelsäulenvorderkante punktuell belastet, was zu einer Erhöhung des Flächendrucks um den Faktor zehn führen kann.« Die Bedeutung dieses Satzes war mir schleierhaft.

»Danke«, sagte ich benommen, nachdem Montserrat mich wieder auf die Beine gestellt hatte, »danke, das Flugzeug wartet.«

Erst mehrere Kilometer später wurde mir klar, daß mit oder nach dem Sturz etwas Besonderes geschehen sein mußte. Ich war hingefallen, erinnerte ich mich, aufgestanden und eilig in mein Fahrzeug gestiegen. Wieso *eilig*? Seit mehreren Monaten war ich nicht mehr *eilig* vom Stehen ins Sitzen oder vom Sitzen ins Stehen gekommen. An der nächsten Tankstelle hatte ich genug Mut gefaßt, um das Experiment zu wiederholen. Und tatsächlich, ich unterschied mich in meinen Bewegungen in nichts von allen anderen Automobilisten, die mühelos Zapfhähne stöpselten, lässig ihre Hinterteile hoch- und niederbewegten.

Die gelbgrüne Melone auf dem Beifahrersitz warf mir einen wissenden Blick zu.

Der Hausarzt sprach von »Spontanremission, vermutlich ausgelöst durch einen traumatischen Schock«. Irgendeine Ausrede haben sie ja alle.

Zwölfter Wirbel

Skispringen

Die Nervenärztin, mit der ich mich über mein Rückenleiden unterhielt, empfahl mir, die Entwicklung der Krankheit aufzuschreiben. »Wie einen Roman«, sagte sie, »es braucht ihn ja niemand zu lesen. Fangen Sie mit Ihrer Kindheit an. Alles, was Ihnen zum Thema ›Rücken‹ einfällt, Erinnerungen, Märchen, Träume, Menschen, die in Ihrem Leben eine Rolle gespielt haben oder heute noch spielen. Und ganz besonders Ihre eingestandenen und uneingestandenen Ängste.«

»Einen Roman, den niemand zu lesen braucht?« fragte ich skeptisch. »Wozu in aller Welt soll das gut sein?«

Die Ärztin hob Hände und Augenbrauen. »Ich registriere Ihre Abwehr. Vernünftig ist sie nicht, aber das war auch nicht zu erwarten. Mir geht es darum, daß Sie zu sich selbst eine aufgeklärte Nähe gewinnen. Und dazu dürfen Sie nicht an ein Publikum denken, vor dem Sie den Helden oder den Kasper geben müssen.«

An der Wand, auf dem grauen Streifen Tapete zwischen dem hennafarbenen Haar meines Gegenübers und dem heiteren Miró-Druck, sah ich in schriller Schrift kurz das Wort »authentisch« aufleuchten, doch bevor es der Therapeutin auf die Zunge springen konnte, war die Sprechstunde bereits vorüber.

»Sie will, daß ich einen Roman schreibe«, berichtete ich Frau und Tochter beim Abendessen, »einen Roman über mich, der nicht für die Öffentlichkeit bestimmt ist.«

»Ich glaube nicht, daß dir so etwas liegt«, bemerkte die Frau.

»Da komme ich ja schon wieder nicht vor«, klagte die Tochter, »erzähl mir lieber eine lustige Geschichte über kleine Mädchen, die endlich ihre ersten Zähne verlieren oder wenigstens ihren Blinddarm.«

Lena kann ziemlich hartnäckig sein, und der Verlust von Körperteilen zählte damals zu ihren Lieblingsphantasien. So kam ich erst spät in der Nacht dazu, ein paar Notizen für meine Stoffsammlung niederzuschreiben. Das Wort »hartnäckig« gehörte zu den ersten Eintragungen. Ich bin ein sehr methodischer Mensch und hatte mir vorgenommen, alle wichtigen Stichworte in anatomisch korrekter Reihenfolge vom Nacken bis zum Steißbein aufzuführen. Vielleicht auch umgekehrt. Mit der entsprechenden Fachliteratur würde ich mich noch anfreunden. Die Struktur stellte ich mir vor wie die Gliederung zur Gewissenserforschung im Beichtspiegel meiner katholischen Kindheit.

Es war mir sogar schon ein bedeutungsschwerer Satz für den Anfang der Geschichte eingefallen, gleichsam eine Fanfare, die mich wegen ihrer spröden Klangschönheit faszinierte: »Das Kreuz ist ein mißbrauchanfälliges Gut«, lautete dieser Einleitungssatz, den ich gleich mehrfach unterstrichen meinem Schreibheft anvertraute. Erfahrung hat mich gelehrt, daß kräftige Aussagen begierig Nebenauskünfte ansaugen, nicht unähnlich dem ersten Schluck, den der durstige Trinker aus der Flasche nimmt.

»Ein ziemlich abstrakter Anfang für eine Lebensgeschichte«, sagte meine Frau, die mir kurz über die Schulter geblickt hatte. »Ich dachte, du solltest über dich Auskunft geben. Ich werde noch ein wenig fernsehen.« Nach leichtem Gähnen setzte sie einen flüchtigen Gutenachtkuß auf mein linkes Ohr und fragte beiläufig: »Wie fühlst du dich? Schläfst du heute bei mir?«

Meine Frau hat vor einigen Jahren ihre erste Doktorarbeit über die Korintherbriefe des Apostels Paulus geschrieben, zwei kritische Kapitel dieser Dissertation sind dem Thema »*Mollitia*«, der Passivität oder, wie Paulus es nennt, »Verschwächlichung« des Mannes gewidmet. (Paulus wäre nicht Paulus gewesen, hätte er für den von ihm beklagten Verfall nicht auch den Begriff »Verweiblichung« gewählt.) Vielleicht ist Delia deshalb so nachsichtig mit mir. Ich habe jene Passagen übrigens nur sehr flüchtig gelesen. Zwar konnten weder der Apostel noch meine Frau bei ihren Schriften mich persönlich im Auge gehabt haben – Delia war bereits Privatdozentin, als sie mich während einer Ruderpartie in Tübingen ihren »Samson« nannte –, dennoch schienen sowohl dem heiligen Paulus als auch ihr bestimmte Situationen vertraut, die in meinem Leben erst viel später eine schicksalhafte Bedeutung gewannen.

Sollte ich über »*Mollitia*« schreiben? Über das peinliche Gefühl, durch die gestörten Beziehungen zwischen den Dornfortsätzen meiner Wirbelsäule und den dazugehörigen Bändern von einem robusten Kerl zu einem schlurfenden Heimchen geworden zu sein, dem die Frau – wie weiland die Mutter – die Schuhe zubinden muß? Der Tanzveranstaltungen meidet, weil er sich dort immer vorkommt wie damals

der kurzsichtige, dicke Klassenkamerad, den beim Völker-
ballspiel niemand in der eigenen Mannschaft haben wollte?
Der im Park neidisch auf andere, freilich jüngere Väter blickt,
die ihre Tochter spielerisch in die Luft werfen, als wäre sie die
Partnerin im Eiskunstlauf der Paare?

Ich könnte natürlich auch in einem kühnen literarischen
Rollenmanöver mich selbst aus der Perspektive meiner Frau
oder meiner Tochter beschreiben. Ironisch verständnisvoll
als larmoyanten, wetterfühligen Patriarchen, als wehleidigen
Stockfisch, als Hanswurst, der nie sieht, was in der unteren Partie des Kühlschranks gelagert ist, weil er sich nicht
traut, sich so tief zu bücken. Der direkte Zugang, den Tho-
mas Mann in seinen Tagebüchern zur medizinischen Selbst-
diagnostik gewählt hat, ist mir leider nicht gegeben. Außerdem vergesse ich beim Schreiben die Welt um mich herum,
sogar meine Schmerzen, die vor ein paar Stunden noch deutlich zu spüren waren. Mit diesen widersprüchlichen Gedanken setzte ich den Bleistift erneut aufs Papier und malte eine
Schnecke.

»Früher konnte ich stundenlang der Übertragung von
Skispringen zuschauen«, sagte Delia, die den Fernsehapparat
wieder ausgeschaltet hatte. »Diese Veranstaltungen hatten
eindeutig eine zen-buddhistische Qualität. Die Wiederkehr
des Ewiggleichen. Hundert Männer, unter ihren Helmen und
hinter ihren Brillen völlig ununterscheidbar, todesverrückt
immer wieder dieselben Bewegungen ausführend. Gestreckt
wie ein Lineal, von den Fersen bis zum Scheitel. Heute ist das
leider vorbei. Vermutlich springen sie noch genauso, nur daß
sie heute die Beine öffnen, statt sie geschlossen zu halten.
Doch die Fernsehleute setzen so viele Kameras ein, daß man

völlig aus der Ruhe gebracht wird.« Sie griff nach einer Zigarette und ließ sich auf dem Sofa nieder. »Hast du das eigentlich gemacht, in deiner Jugend? Ich meine Skispringen?«

»Nein«, antwortete ich zögernd, »nein, dazu hat es mich nie gedrängt. Aber vielleicht sollte ich es gerade deshalb in meinen Bericht aufnehmen. Träume und Ängste der frühen Kindheit, verstehst du, sowie deren spätere Verarbeitung.«

Delia ließ wie immer die Asche ihrer Zigarette achtlos auf den Boden fallen. »Ein schöner, vertrauter literarischer Einstieg«, sagte sie, »doch nicht unbedingt logisch. Ich habe neulich gelesen, daß zwei Drittel aller Rückenkranken sich als ›hart im Nehmen‹ bezeichnen. Demnach hättest du als Kind ganz dringend den dummen Wunsch verspüren müssen, dich tiefgeneigt von einem Berg zu stürzen.«

Auch mir war jene Untersuchung bekannt. Delia und ich lassen uns jeden Monat bei demselben Friseur die Haare schneiden. Dessen Auswahl an alten Zeitschriften ist begrenzt.

»Vielleicht hatte ich ja eine heimliche Schwäche fürs Skispringen und wollte sie nicht zugeben«, wandte ich ein, »du weißt doch, das klassische Symptom der Verdrängung. Immerhin gaben mehr als zwei Drittel der befragten Patienten an, sie schämten sich, ihre Schwäche vor anderen zu zeigen. Das verletzt ihr Leistungsbewußtsein, führt vermutlich auch zu Entlassungen und weiteren, noch namenlosen Gefährdungen unseres Wirtschaftsstandorts.«

Die Gattin sog nachdenklich an einer neuen Zigarette. »Wenn ich es mir recht überlege, lebe ich genausowenig gerne mit einem Mann zusammen, der an der Schwäche leidet, nie ein Skispringer gewesen zu sein, wie mit einem, der es tatsächlich war und deshalb darunter leidet. Will sagen, das eine ist doch genauso blöd wie das andere. Findest du nicht?«

Aus meinen – zugegeben oberflächlichen – Kenntnissen der Psychologie weiß ich, daß es Fragen gibt, bei denen der Patient mit jeder möglichen Antwort nur verlieren kann. Psychologen haben, mehr sogar noch als Juristen oder Mathematiker, der Rechthaberei zu akademischem Status verholfen. In aller Regel in einem grauenhaften Jargon, für den sie sich nicht schämen. Hätten sie meine Lage in diesem Moment beschreiben müssen, wäre ihnen vermutlich die behinderte Formulierung »Haltungskonstanz in ungünstiger Position« aus der Feder geströmt. Natürlich war ich erstarrt. Es schien mir nämlich blitzgeschwind klar, worauf Delia mit ihrer Geschichte abgezielt hatte.

»Skispringen ist keine sehr treffende Metapher für Sexualität«, protestierte ich, »selbst wenn es sich um die Wiederkehr des Ewiggleichen in der Gestalt von mehr als hundert bebrillten und behelmten Männern handelt, die dir gestreckt und todesmutig entgegenstürzen; das müßte selbst einer Paulus-Spezialistin einleuchten.«

Mein Bleistift kritzelte die Wörter »Überforderung« und »Unterreizung«, davor setzte ich den mit einem Punkt abgekürzten Anfangsbuchstaben »p«, welchen ich später entweder durch »psychisch« oder »physisch« ersetzen würde.

Delia ließ ein weiteres graues Säulenfragment von Zigarettenasche auf die roten Steinfliesen meines Arbeitszimmers bröckeln. »Immerhin ist der Auslauf von Skispringern rund, ja, auf dem Bildschirm betrachtet, sogar eindeutig *oval*«, sagte sie. »Fühle dich jetzt dadurch um Gottes willen nicht verletzt, begreife es bitte als Anregung. Du sahst einfach so hilflos aus vor deinem fast leeren weißen Papier.«

Ich strich das kleine »p« wieder aus. Bei meiner nächsten Sitzung mit der Nervenärztin trug ich die Schreibhand in einer weißen Schlinge.

Dreizehnter Wirbel

Arte povera

Kennengelernt habe ich meinen Freund, den Bildhauer Napo, vor mehr als zehn Jahren auf der Biennale in Venedig. Wir saßen eines Abends zufällig nebeneinander an der Bar einer kleinen Fischkneipe. Warum wir miteinander ins Gespräch kamen, weiß ich heute nicht mehr.

Ich weiß auch nicht mehr, in welcher Sprache wir miteinander geredet haben, vermutlich waren es kühne Varianten aller möglichen Idiome. Aber ich erinnere mich, daß er mir vorführte, wie er tagsüber unter großen Schmerzen Obstkisten geschleppt hatte, um sich ein wenig Geld für Essen und Wein zu verdienen. Napo konnte mit seinen Fingern Anekdoten aufbauen und zusammenbrechen lassen. Nie wieder habe ich das Schicksal einer Obstkiste so deutlich nachempfunden wie an jenem Abend, als sich die Handknochen des Künstlers in Apfelsinen, Kirschen oder Honigmelonen verwandelten.

Später erfuhr ich, daß mein neuer Freund nach Venedig eingeladen worden war, um eines seiner Werke im rumänischen Pavillon auszustellen. Der nationale Künstlerverband hatte für den Transport der Plastiken gesorgt und Napo auch ein Ausreisevisum sowie eine Bahnfahrkarte verschafft. Die Auszahlung von Devisen lag leider in der Zuständigkeit einer anderen Behörde.

Rumänien war damals ein zwar stolzes, gleichzeitig aber auch ein schrecklich armes und äußerst korruptes Land. Napo verfügte über keinerlei Beziehungen zur Macht. Der Tag seiner Abreise nach Venedig rückte näher, doch der Beamte, welcher über die Stempelgewalt verfügte, um die einheimischen Lei in Dollar, Deutsche Mark oder Lira konvertieren zu lassen, stellte sich stur. Napo fuhr dennoch nach Venedig.

Er sei noch nie im Ausland gewesen, erzählte er mir an jenem ersten Abend unserer Bekanntschaft, aber dasselbe gelte ja auch für »seine Kinder«, für die Geschöpfe aus Holz, die jetzt im rumänischen Pavillon, weit von ihm entfernt, in den Gärten der Stadt, den *giardini pubblici*, für ihre öffentliche Zurschaustellung vorbereitet würden und um die er sich sorge. Schließlich habe er sie erst vor zwei Jahren vollenden können. Um sie zu beschreiben, wählte er dieselbe Gestensprache, mit der er mir zuvor seine Obstkisten vorgestellt hatte. Offenbar bestand da ein Zusammenhang, doch deutlich wurde er mir nicht.

Am zweiten Tag nach der Eröffnung der Ausstellung traf ich ihn wieder in der Fischbar. Sein Tag war schlecht verlaufen. Er fluchte auf Obstkisten und den Mangel an Devisen.

»Darf ich Sie einladen?« fragte ich und meinte das Abendessen.

»Sie würden mich glücklich machen«, antwortete er mit einer höflichen Verbeugung. Allerdings dachte er an eine Eintrittskarte für die Biennale und nicht an frittierte Sardinen. Er hatte nicht genug verdient, um sich ein Billett für seine eigene Ausstellung erwerben zu können.

»Meine Kinder habe ich für uns alle geschaffen«, sagte Napo am nächsten Morgen auf dem Vaporetto, »leider kön-

nen sie mich nicht ernähren.« Wir hatten die drei oder vier
Stationen zwischen San Marco und dem Ausstellungsgelände
schweigend verbracht, erst kurz bevor wir das Schiff verließen, wurde mein Freund gesprächig. Wie ein familienstolzer
Amerikaner auf Geschäftsreise zog er ein paar Fotos aus der
Brieftasche. »In meiner Heimat gelte ich als der kleine Künstler des Kreuzes«, erklärte er, »ich bin der Schöpfer von Adam,
den Gott gebeugt hat, und Adams männlichen Nachkommen,
ich bin das Sägewerk für den unvollkommenen Menschen.«
Die Fotos, die Napo mir zeigte, waren kaum deutlicher als
seine Rede. Ich blickte auf unscharf erfaßte Objekte, die vielleicht Körper mit einem kleinen Kopf, vielleicht gebogene
Balken wiedergaben. Ob es sich dabei um Männer handelte,
konnte ich – bei allem Respekt vor der modernen Kunst –
nicht ausmachen. Genausowenig fand ich eine Botschaft über
das Kreuz. Diese hätte mich ganz besonders interessiert, denn
ich war wegen meines Rückenleidens zuvor zwei Wochen zur
Fangokur in Abano gewesen.

»Sylvia wird Ihnen meine Arbeiten erklären«, sagte Napo,
»ich finde Sylvia für Sie, die Dame ist schön, stammt aus
meiner Heimat und spricht alle Ihre Sprachen fließender als
ich. Sie muß auf der Ausstellung sein, und heute abend ver-
anstalten wir irgendwo ein Fest. Vielen Dank für die Eintrittskarte.«

Er verschwand schneller als eine Erscheinung.

Ich habe die Erfahrung gemacht, daß rumänische Künstler, die »heute abend« sagen, mit diesem Ausdruck nicht unbedingt denselben Tag meinen. Oft bezieht sich dieses Datum
auch auf einen Termin, der erst in der kommenden Woche
liegt. Entscheidend ist nur, daß das angekündigte Ereignis tat-

sächlich an einem Abend stattfindet. Um so mehr überraschte, ja beschämte mich fast die Nachricht, die mir Napo am
späten Nachmittag auf der Terrasse vor der Fischbar zukommen ließ.

»Keine Ausstellung«, rief er, »aber sicher gleich ein Fest.
Ein Fest und ein Manifest. Hier kommt Sylvia.« Er deutete
auf eine junge, etwas vollschlanke Frau mit rotblonden Haaren, die gerade vor dem Schaufenster eines Miedergeschäftes
stehengeblieben war und sich anmutig die Nase puderte.

In der Tat hatte die Ausstellung für Napo noch nicht begonnen. Im rumänischen Pavillon, den ich am Vormittag erst
nach längerem Suchen gefunden hatte, hingen nur drei ehr-
furchtgebietende Porträts, die Staatspräsident Ceauşescu bei
der Ernte zeigten, und zwei kleinere Darstellungen von dessen Ehefrau in Begleitung katholischer Würdenträger. Vor
diesen Bildern lag ein mit angeschmutzten Plastikbahnen
überzogener Haufen, unter welchem sich – vielleicht – auch
Napos Schöpfungen befanden, welche den gebeugten Adam
und dessen kreuzgeplagte Nachkommen zeigten.

Ich erklärte dem Bildhauer mein Bedauern über den un-
fertigen Stand der Dinge. Er küßte mich, spuckte auf den Boden und zischte die Wörter »Scheißdiktatur«, »Auflehnung«,
»Sturz« so hastig, als müßten sie alle in eine einzige Silbe
gepreßt werden. Danach war er wieder genauso schnell verschwunden wie am Vormittag.

»Ich bin Sylvia«, begrüßte mich die rotblonde Frau,
»Napo hat Sie mir genau beschrieben. Er nannte Sie den ›fra-
genden Rücken‹. Aber auch ohne die Beschreibung und ohne
Sie je getroffen zu haben, kommt es mir vor, als kennte ich Sie
aus seinen Arbeiten. Wenn es Ihnen recht ist, laden Sie mich

jetzt bitte zu einem kühlen Getränk ein. Wir haben noch aus-
reichend Zeit, bis Napos Fest beginnt.«

Sylvia sprach Deutsch in jenem schwermütigen Tonfall,
den die früheren Schwaben oder Sachsen in ihrer rumänischen
Heimat bewahrt haben, um sich vor Heiterkeit zu schützen.
Diese trist gefühlvolle Sprachmelodie bildete einen reizvollen
Gegensatz zu Sylvias Anekdoten. Kaum eine halbe Stunde
später wußte ich, daß Napo vor ein paar Jahren in ernsthafte
Schwierigkeiten mit seiner Kunstakademie geraten war, weil
er in einer Auftragsplastik seinem Präsidenten zwar die Andeutung eines Penis in den Schritt der Hose geformt, dabei
aber das Genital »so kurz wie ein Gürkchenende« gebildet
hatte. Ich erfuhr, daß sich mein neuer Freund Napo nannte,
weil er einer Biographie Napoleons entnommen hatte, dieser
würde ihn – im direkten Vergleich – noch um Stirneshöhe
überragt haben. »Es ging ihm damals immer um ›zu groß‹
oder ›zu klein‹«, lachte Sylvia, »ich bin gespannt, was er heute
abend anstellt. Bestimmt wird es lustig.«

Das Fest fand in Mestre, im Keller einer längst aufgelasse-
nen Kirche statt. Diese quasi sakrale Vergangenheit war dem
kargen Raum allerdings nur noch dadurch anzumerken, daß
in einer dunklen Ecke zwei ramponierte Holzgestelle aufein-
andergestapelt lagen, die früher wohl als Beichtstühle gedient
hatten. Ansonsten gab es keinerlei Mobiliar, sah man einmal von den Obstkisten ab, die Napo von seiner Arbeit mitgebracht hatte. Sechs davon bildeten eine kleine, niedrige Anrichte, auf der Würste, Käsescheiben und ein paar Trauben
ausgebreitet waren. Die meisten Gäste hatten sich ihren eigenen Wein mitgebracht. Eine weitere Kiste stand direkt unter
der nackten Glühbirne, die den Raum matt erleuchtete.

Sylvia stellte mich einigen ihrer Freunde vor. Ich merkte mir vorerst nur die Namen Ovidiu, Horatius und Salomon.

Kurz vor Mitternacht trat Napo hinter den vormaligen Beichtstühlen hervor. Er stellte sich vor die Holzkiste unter der Glühbirne und rief einige Sätze auf rumänisch. Sylvia stellte sich neben mich und übersetzte.

»Ich habe einen Golem erschaffen«, begann Napo, »doch er wird in unserer Ausstellung versteckt.«

Horatius steckte zwei Finger in den Mund, ein schriller Pfiff gellte durch den Raum. »Wir alle werden versteckt«, schrie er, »dein Leiden ist auch das unsere.«

Napo hob kurz seine rechte Hand. »Ihr wißt«, fuhr er fort, »ein Golem ist ein künstliches Geschöpf aus Menschenhand, ein Wesen, das wie der Zauberlehrling die Gebote seines Meisters befolgt. Ich habe mir lange überlegt, wie es heutzutage aussehen müßte.«

»Mann oder Frau?« fragte die Frau neben Ovidiu. Sie formte ihre Hände zu einem Sprachtrichter. »Ich will wissen, geht es um einen Mann oder eine Frau?«

»Steig auf deine Kiste, du kleiner Wicht, wir können dich nicht verstehen«, rief Salomon. »Los, klettere auf die Kiste!«

Das Publikum applaudierte.

Napo stieg tatsächlich auf das zerbrechliche Gebilde aus Spanholz. Offenbar hatte er ein Gespür für dramatische Höhepunkte. Außerdem schien er gelernt zu haben, wie man auf eine Obstkiste tritt, ohne diese zu zerbrechen. Seine Rede begann mit einer sehr rätselhaften Einleitung.

»Die Seele hat keine Zukunft«, übersetzte mir Sylvia, dann verbesserte sie sich, »pardon, die *Säule* hat keine Zukunft, denn da sie eine Achse ist, kann sie jederzeit gebeugt, gestaucht oder gebrochen werden. Somit hat auch das Aufgerichtete keine Zukunft. Das Aufgerichtete ist das trügerische Symbol des Mannes, der …«

»Wenn sich bei ihm überhaupt noch etwas aufrichtet«, unterbrach ihn die Frau neben Ovidiu, »wie steht's damit bei dir?«

Napo ertrug das grölende Gelächter, ohne eine Miene zu verziehen. »Ihr alle habt in eurem Leben die demütigende Erfahrung gemacht, gebeugt, gestaucht oder gebrochen zu werden. Ihr alle lebt unter einer Diktatur, nämlich der Diktatur …«

Wieder wurde der Redner gestört. »Werd jetzt nicht politisch«, rief Salomon, »in Bukarest warten sie schon auf dich.«

»Laß ihn weitermachen, er hat doch gerade erst angefangen!«

Napo erhob erneut seine rechte Hand. »Ich spreche von einer anderen Diktatur«, fuhr er fort, »ich fordere euch auf zum Widerstand gegen die Diktatur der Vertikalen. Wir alle haben Objekte geschaffen, welche die Vertikale verherrlichten. Von Praxiteles bis Brancusi, die Kunstgeschichte steckt voller Beispiele für die Vergötzung der steil nach oben gerichteten Achse. Doch ich sage euch, dieses Bild ist falsch und verhängnisvoll. Es gaukelt Helden vor, die nie existiert haben. Kein Mann kann ihm entsprechen, denn kein Mann verfügt über ein solches Kreuz. Widerrufen wir! Schwören wir ab!«

Er machte eine kurze Pause. Das Publikum schien seine Worte zu überdenken. Ein junger Mann mit gräulichem Filzhut legte sein Waldhorn beiseite und reichte Napo eine Weinflasche. Der Redner nahm einen kurzen Zug, wischte sich flink über den Mund und erhob erneut die Stimme: »Meine zweite Forderung ist so kurz wie radikal. Sie lautet: Sofortige Abschaffung aller Sockel. Auch der Sockel ist vertikal. Er verschafft nur hohle Bedeutung. Ein Werk, das nicht in sich selbst ruhen kann, gehört nicht auf diese Welt. Also: Fort mit allen Sockeln!«

»Bravo«, rief einer aus dem Publikum, »nieder mit den Sockeln!« Der Beifall, anfangs noch vorsichtig erteilt, schwoll an zu einer Woge, die uns alle mitriß. Der Mann mit dem Filzhut griff nach seinem Jagdhorn und blies ein blökendes Signal.

»Und auf was stehst du?« fragte die Frau neben Ovidiu, nachdem im Keller wieder eine gewisse Ruhe eingekehrt war. »Ist das etwa kein Sockel?«

»Es ist eine Obstkiste«, antwortete Napo, »und ihr müßt mir helfen, wieder herunterzusteigen.« In der Tat wirkte er wie ein Mann, der beim Abstieg Hilfe benötigt. Er hielt das linke Knie gebeugt, das Gewicht seines Rumpfes vorgelagert, und tastete mit der rechten Fußspitze unsicher entlang der Kante seines niedrigen Podestes.

Der kräftige Ovidiu umfaßte ihn in der Taille, setzte ihn sanft auf den Boden und geleitete ihn zu unserer Runde.

»Von Jean Paul kenne ich die Rede des toten Christus, daß kein Gott sei«, sagte auf deutsch eine Stimme neben mir, »jetzt muß ich erfahren, daß es offenbar auch kein Kreuz gibt. Die Welt wird immer einfacher.«

Der Mann mit dem Waldhorn spielte zum Tanz auf.

Salomon versorgte uns mit frischem Wein. »Eine tolle Rede«, gratulierte er Napo, »scharf und auf eine exakte Weise doppeldeutig. Nur bist du uns die Erklärung schuldig geblieben, was deine Lösung ist, wie etwa der Golem aussieht, den du erschaffen hast und der jetzt im Pavillon unter der Plane liegt.«

Napo lächelte und zog aus seiner linken Jackentasche eine Handvoll kleiner, sauber polierter Holzstückchen. Er legte sie auf die ausgestreckte Hand wie Hörnchen aus Teig, die ein Bäcker in seinen Ofen schiebt.

»Meine Knöchelchen«, verkündete er stolz, »meine Rippen, mein Rückgrat. Alles das Ergebnis von Sägekunst an Obstkisten. Ich behandelte die Teile mit Sandpapier, danach mußte ich sie nur an ihren Spitzen durchbohren und mit Fäden verbinden. Auf den Fotos seht ihr das Ergebnis. Golem ist so breit wie hoch, sein Skelett ist ein Mobile, mit dem die Winde spielen können, ohne es aus dem Gleichgewicht zu bringen.«

Napo zog noch einmal die Abzüge in Schwarzweiß hervor, die er mir am Morgen auf dem Boot präsentiert hatte. Vermutlich erkannte niemand in der Runde mehr als ich, doch Napos Erklärung ließ plötzlich Formen deutlich werden, die das Auge nicht wahrnehmen konnte.

»Genial«, seufzte Sylvia, »Napo, du alter Schelm hast einen Stil geschaffen, den die Amerikaner auf ihren Kunstmärkten als *minimal art* vertreiben: immer wieder die gleichen Objekte als ein Programm der radikalen Reduktion auf das Elementare, das Immer-Wiederkehrende.«

»Napo ist ein Internationalist und frauenfeindlich«, unterbrach uns die Frau, die vorher neben Ovidiu gestanden hatte. Die verschiedenen Weinsorten, die in unserem Keller herumgereicht wurden, hatten sie boshaft und angriffslustig gestimmt.

»Ich habe nur Obstkisten zersägt und die dadurch entstandenen Teile mit meinen Feilen, danach mit Sandpapier von verschiedener Härte bearbeitet«, rechtfertigte sich Napo, »wer weiß denn bei uns schon von internationalen Stilrichtungen. Es waren alte, wurmstichige Kisten, andere hätte ich auf dem Markt auch gar nicht bekommen. Aber wenn ihr wissen wollt, warum ich nicht mehr wie früher in Stein arbeite ...«, der Künstler griff mit der einen Hand nach einer Zigarette, mit der anderen nach einem Punkt kurz oberhalb seines Gesäßes.

»Obstkisten sind die Verkörperung von *arte povera*«, rief Sylvia, »der Abfall als Mittel, als Ausgangspunkt, als Material der Gestaltung. Das Kreuz des Mannes ist Abfall, also gehört es sich, daß es mit den Symbolen des Abfalls dargestellt wird. Mit Bindfäden, mit Teilen von Obstkisten ...«

»Ich will euch nur erzählen, wie alles angefangen hat«, sagte Napo, der gelassen seine Zigarette ausgeraucht hatte. »Damals, als ich in den Karpaten eine hohe Fichte schlug, fühlte ich plötzlich ...«

Der Waldhornspieler begann ein neues Stück. Er spielte schrecklich, doch ich war dankbar für die Ablenkung. Männer, die vom Beginn ihres Kreuzweges erzählen, sind unausstehlich. Man kann es nicht häufig genug wiederholen. Selbst meine eigene Geschichte, in der immerhin Adenauer vorkommt, fällt unter dasselbe gerechte Urteil.

Vierzehnter Wirbel

Partner-Klopfmassage

An jenem grauen Januarmorgen, als die Meisen anmutig in ihre leeren Futterringe pickten und mich die Schwermut am Schreibtisch tief in den Kniesitzer mit Wippkufen beugte, beschloß ich, meine Stimmung durch eine Übung aufzuhellen, die mein medizinischer Ratgeber als »Partner-Klopfmassage« empfiehlt. In diesem Begriff schwangen Spielerisches und Intimes, mit ein wenig Phantasie konnte man sogar einen Hauch von Frivolität heraushören, was meiner Gemütslage in gewisser Weise entgegenkam. Außerdem fiel mir ein, daß in Goethes »Römischen Elegien« der Geliebten die Hexameter vom Dichterfürsten aufs nackte Rückgrat geklopft werden. Wer je einen Abguß von Goethes wuchtiger Hand gesehen hat, wird verstehen, daß ich mich in meiner Laune auf den rein poetischen Aspekt dieses Bildes bezog. Natürlich wollte *ich* der Beklopfte sein, Hexameter kann ich bei Bedarf auch selber liefern.

Weniger konservative Zeitgenossen als ich hätten vermutlich andere Betäubungsstrategien gewählt, einen Besuch des Spielkasinos in Bad Wiessee etwa oder den Tanztee im Strandcafé Undosa, und zugegeben, auch ich erwog anfangs noch eine ganze Reihe von Varianten, die mir aber letztlich aus den verschiedensten Gründen nicht zusagten.

Da ich in einer Gegend lebe, die, der fortgeschrittenen Altersstruktur ihrer wohlhabenden Bevölkerung entsprechend, über ein reiches Angebot von Therapiezentren verfügt, wählte ich einfach die erste Nummer im lokalen Branchenverzeichnis, welche *nicht* unter einer Anzeigenleiste für »Kneippsche Heilverfahren« firmierte.

»Es handelt sich bei Ihnen aber bestimmt nicht um einen Vorfall, das wissen Sie genau?« fragte die Dame an der Rezeption mit ihrer etwas hochnäsigen Stimme gleich zweimal. »Auch um kein Ameisenkribbeln im Oberschenkelbereich?« Ich wiederholte geduldig die Diagnose meines Hausarztes, der zufolge es sich bei mir nur um das bei Männern »meines Alters« leider allzu vertraute *Lendenwirbelsäulensyndrom* zwischen den Wirbeln Nummer vier und fünf handele, keineswegs um einen Vorfall und überhaupt um nichts, was in absehbarer Zeit ein *invasives* Vorgehen als angezeigt oder gar erfolgversprechend erscheinen lasse.

In der Wertehierarchie der Rückenpatienten geht es gnadenlos ständisch zu. Die mit dem »*Vorfall*« genießen natürlich eine viel höhere Wertschätzung als die »*Hexenschüßler*«, denen aber immer noch der Dünkel bleibt, auf die graue Masse von uns »*Langzeitverschlissenen*« herabzublicken. Für Ärzte und deren Gefolge sind wir das schäbige Fußvolk einer bereits geschlagenen Armee. An uns wäre medizinische Brillanz verschwendet. Skalpell und Laserstrahl triumphieren nur bei Fällen, welche eine kühne chirurgische Herausforderung darstellen. Dazu bieten wir keinen Anlaß. Unser banales Schicksal ist die langfristige Metamorphose in die Verknorpelung. Irgendwann, vermutlich bald, werden auch den Krankenkassen Menschen wie ich lästig sein.

»Wer hat Sie denn überwiesen?« fragte jene hochnäsige Frauenstimme an der Rezeption, die meinen krankenhierarchischen Status korrekt eingestuft hatte. Sie formulierte diese Frage so scharf, als sei ich ein Scheck von zweifelhafter Bonität, der jederzeit gesperrt werden könnte. Auch meine Erwähnung des in unserer Region äußerst angesehenen Hausarztes sowie einer – nach Ausweis der letzten veröffentlichten Jahresbilanz – solventen Privatversicherung stimmten sie nicht freundlicher. Andererseits mußte ich der Dame zugute halten, daß sie ihre Arbeit unter deutlich hörbaren akustischen Belastungen vollzog. Um sie herum tönten zwar keine Klopfgeräusche im klassischen Hexameter-Takt, dennoch kam es mir vor, als hätte ich in ein exotisches Tiergehege telefoniert: Grunzlaute wurden von spitzen Schreien übertrumpft, scharf gesprochene Kommandos drängten sich in weiches Säuseln, brünftige Trompetenstöße unterbrachen das Rascheln von Vorhängen. Dazu fiedelte ein gequälter Vivaldi. Zu meiner Überraschung erhielt ich dennoch einen Termin für den späten Nachmittag.

Meine Vorfreude auf die Partner-Klopfmassage erfuhr durch diese gemischte Einstimmung zwar einen erheblichen Dämpfer, aber da der Tag genauso grau geblieben war, wie er angefangen hatte, hielt ich mich an die getroffene Verabredung.

Auf der Fahrt zum Therapiezentrum träumte ich von entspannten Bauchlagen, von anmutigen Rhythmen oberhalb der Gesäßfalte, dort, wo der früher bewegliche Teil meiner Wirbelsäule ins Kreuzbein übergeht, träumte von behutsamem Druck und von lustvoll auf der Haut kreisenden Fingern. Kam von Goethe auf Petrarca, von Petrarca auf Ovid, landete mit kindlich oder greisenhaft glucksendem Wohlbehagen in römischen Bädern.

Dabei mußte die literarische Phantasie meiner sonst so streng die Lebensführung beherrschenden Skepsis den Schneid vollends abgekauft haben. Anders ist nicht zu erklären, warum ich nach den obligaten Auskünften über Körpergewicht, Ehestand und Religionszugehörigkeit immer noch voll glücklicher Erwartung in einen kleinen Saal schritt, der wie ein Feldlazarett in zahlreiche, durch Plastikwände unterteilte sowie numerierte Ställchen gegliedert war. Eines davon war mir zugeteilt. Ich solle mich entkleiden, hatte es beim Empfang geheißen, die Therapeutin werde mich dann schon finden.

Natürlich roch es überall nach Salben – der Traum von belebenden Tinkturen, stimulierenden Essenzen und duftenden Ölen hatte meine Nasenflügel auf der Anreise belebt –, doch in diesem Tempel war offenbar ein geiziger, fichtennadelduftbesessener Schmalhans der Küchenmeister aller olfaktorischen Genüsse. Kein Glück verkündete die Witterung, sondern Waldsterben auf breitester Front.

Nicht viel liebevoller schien es um die seelische Betreuung der Patienten bestellt zu sein. Ich habe in meinem Leben immer den größten Wert auf Diskretion gelegt, lange bevor das Wort »Intimsphäre« zu seinem modischen Erfolg gelangte. Daß die katholische Kirche die Bedeutung der Ohrenbeichte entwertete, habe ich als großen Verlust empfunden, freiwillige Geständnisse dürfen nur geflüstert werden, ganz gleich, ob es sich um Verfehlungen des Geistes oder des Fleisches handelt.

Als ich nun sehr laut die vorwurfsvollen Worte »Bewegungsarmut und körperliche Trägheit« hinter einer nur um Armeslänge von mir entfernten Gardine vernahm, zuckte ich zusammen. Zu jeder Silbe ertönte das dumpfe Klatschen einer Hand, die auf nacktes Fleisch traf. »Bewegungsarmut und körperliche Trägheit«, wiederholte eine nörgelnde Männerstimme, »dazu noch Verspannungen im psychischen Bereich, so kommen wir an unsere Kundschaft. Sie glauben ja gar nicht, wen ich hier schon alles auf der Liege hatte.« Es fielen die Namen einiger prominenter Villenbesitzer, jeweils mit einem kurzen Steckbrief ihrer körperlichen Beschwerden sowie der Entstehungsgeschichte ihrer Leiden. Manche dieser Personen kannte ich aus unserem Wirtshaus, andere nur aus dem Fernsehen.

Der Patient in der Nachbarkabine murmelte etwas Unverständliches. »Sag ich doch auch«, bestätigte sein Masseur. Das Klatschen hörte auf, an seine Stelle trat jenes spotzende Geräusch, welches entsteht, wenn eine fast leere Tube ausgedrückt wird.

»Wahrscheinlich sind Sie auch psychisch überreizt«, fuhr der Masseur fort, »ich persönlich sehe das alles total ganzheitlich. Was machen Sie denn so, ich meine beruflich?«

Aus der Antwort vernahm ich nur das Wort »Datenträger«.

»Physisch also voll im sitzmäßigen Bereich«, rief der Masseur, »das sieht man auch an Ihren Pölsterchen. Und wenn ich Ihren Fall ganzheitlich betrachte, fällt mir natürlich sofort auf, daß ›Datenträger‹ eine ganze Menge mit ›Tragen‹ zu tun hat. Wahrscheinlich tragen Sie zu schwer an Ihren Daten. Das hört man ja immer wieder. Auch so entstehen Haltungsschäden.«

Auf diesen Vorhalt reagierte mein Nachbar mit einem empörten Gurgeln. Dann stieß er trotzig Wörter aus wie »software«, »kooperativer Führungsstil«, »Gleitphase« und »sanfte Interaktion«. Aneinandergereiht klangen diese Begriffe, als wären sie dem Programm einer dynamischen männlichen Selbsterfahrungsgruppe entnommen, welche sich fest entschlossen die Einübung von Zärtlichkeit zum Ziel gesetzt hat.

»Jetzt bloß nicht verkrampfen«, unterbrach ihn der Masseur, »man muß dem Druck auch nachgeben können. Aber keine Sorge, ich habe schon ganz andere Fälle wieder hingekriegt. Bei mir kam noch jeder vom Acker. Entscheidend ist nur, daß Sie sich mental in den Griff kriegen. Probieren wir die Sache mal von Ihrer schwächeren Schulter aus.«

Ich hörte ein paar hölzern klappernde Schritte, dann buchtete sich der Vorhang zwischen uns aus, so als drückte ein Medizinball dagegen. Unter dem Saum erkannte ich zwei Gesundheitssandalen, ein Paar weiße Socken und zwei Streifen behaarte Haut, deren falsche Bräune nur einem Sonnenstudio entstammen konnte. Die rechte Sandale trat gegen den Fuß eines Schemels. »Hoppla, das war Ihre Wäsche«, lachte der Masseur, »aber die brauchen Sie ja jetzt nicht.«

Der lange Ärmel eines hellblauen Hemdes schob sich langsam in meine Kabine, seine gestärkte Manschette schien mir zuzuwinken wie die Hand eines Ertrinkenden.

Ich verstand die Botschaft. So zügig es der Körper zuließ, kleidete ich mich wieder an und verließ mein Ställchen. An der Rezeption klingelte unbeachtet ein Telefon. Auf der Heimfahrt riskierte ich freudig zwei kühne Überholmanöver.

Fünfzehnter Wirbel

Besprechungen

Der menschliche Körper besteht neben vielem anderen aus einem Skelett von zweihundert Knochen und mehr als sechshundert Muskeln. Wer diese vielen Teile kombinatorisch miteinander verknüpft, kommt leicht auf über tausend Gesprächsthemen, und deswegen ist es um so verwunderlicher, daß die Unterhaltung mit Kreuzleidern in aller Regel einen äußerst langweiligen Verlauf nimmt. Im internen Wettbewerb um die fadeste Konversation, das lehrt uns die bittere Erfahrung, behaupten sich Kreuzpatienten mit deutlichem Vorsprung selbst gegen die harte Konkurrenz von Cholesterinopfern. Oder von Nikotinsüchtigen auf frischem Entzug.

Meine Nervenärztin, die ich zu diesem Thema *nicht* befragte, weil Mitglieder ihrer Zunft durch die Zucht der jahrzehntelangen akademischen Ausbildung dem phantasievollen Denken mißtrauen, hätte vermutlich von »negativem Dauerstreß« geredet, ganz sicher wären auch die Worte »sukzessive Veränderung der Persönlichkeit« gefallen, hochgerüstet durch die ständig paraten Keulenbegriffe »Angst« und »Depression«.

Auf die naheliegende – und wissenschaftlich sehr viel fruchtbarere – Frage, ob der so oft zu beobachtende obsessive Hang zur dumpfen Unterhaltung nicht einfach das *Ergebnis*, sondern vielleicht sogar die gemütspathologische *Vorausset-zung* für ein dauerhaftes Rückenleiden darstellt, wäre meine Nervenärztin nie gekommen. Unsere Seelenheilkunde ist leider immer noch dem Rousseauschen Menschenbild verpflichtet, in welchem der intelligente Diskurs an den beschränkten Sprachbedürfnissen des »edlen Wilden« gemessen wird. Anregendes Geplauder gilt in diesen Kreisen dagegen gern als »Witzelsucht« oder als »Schwatzhaftigkeit«, in neueren Lehrbüchern dürfte sich bereits die ursprünglich der Urologie erborgte Bezeichnung »verbale Inkontinenz« breitgemacht haben.

Ich bin kein Mediziner; sollte man mich jedoch konsultieren, würde ich den Zustand der Gesundheit nach der Qualität der Anekdoten bemessen, die ein Gesprächspartner vorzubringen weiß. Wenn mir also jemand erzählte:

»Früher bat ich immer meine Frau, mir auf den Rücken zu springen, sobald ich fühlte, daß mit meinem Wirbel etwas nicht stimmte. Das hat hervorragend geklappt. Dann zog sie sich eine Entzündung der Schleimbeutel im Knie zu, und wir wanderten nach Afrika aus. Sie verliebte sich in den reichsten Kautschukfarmer des Distrikts, einen miserablen Schachspieler übrigens, der beim Suppeessen schlürfte, als gehörte er zu einer bedrohten Tierart, und der die Frühstückseier mit dem Messer köpfte. Also trennten wir uns, und ich stellte eine junge Schwarze ein, um mir bei Bedarf auf den Rücken springen zu lassen. Sie gehörte leider zum Stamm der Watussi, kam also aus dem Stand bis an die Decke unseres Bungalows ...«

Wenn ich eine solche Schilderung höre, weiß ich, daß ich es mit einem nie ernstlich Gefährdeten zu tun habe.

Gewiß, er schläft auf den gleichen harten Unterlagen wie

seine Brüder im Schmerz, er führt sich die Zäpfchen desselben Medizinfabrikanten ein, er mag sogar mit vergleichbarem sehnsuchtsvollem Verlangen die Skigymnastik im Frühstücksfernsehen verfolgen, doch seine Seele ist unversehrt. Denn der Körper hat erkannt, daß sich eine unschöne Krümmung der Wirbelsäule nicht auf das Bild vom beschädigten »Sprachrohr« reduzieren läßt.

Der intelligente Mann ist eben mehr als eine Haltung nach Vorschrift. Und eine ihren Namen wirklich verdienende »vorbeugende« Medizin (ich benutze dieses Adjektiv nur mit Widerwillen und unter Protest), eine den gewaltigen Problemen also *angemessene* Rückenprophylaxe müßte sich zuvörderst um die Erfassung und Ausgestaltung der Träume und Leidenschaften ihrer Patienten kümmern.

Wen das Behandlungsschema stets als die graue Maus des Alltags erfaßt, der wird sich zwangsläufig auch bald vor Katzen fürchten. Verkrampfungen, Starrheit, panische Ausdrucksverweigerung sind die natürlichen Folgen. Es darf dem Gebrechlichen demnach nie zu Beginn der Behandlung eine Statistik gezeigt werden, die sein Leiden in schwarz, grau oder weiß gestrichelten Türmchen auf einer Meßkarte verschwinden läßt. Zahlenwerke ermutigen nur den Hang zum ängstlichen Versteckspiel. Statt dessen muß durch eine sprachtherapeutische Beratung die Einmaligkeit des Vorfalls herausgearbeitet werden, insbesondere der Mut des Betroffenen. Der Arzt sollte etwa vorschlagen:

»Ich fuhr also mit meinem Allrad-Roadster in die Innenstadt, obwohl der Verkehrssender gemeldet hatte, es gebe dort keine freien Parkplätze mehr. Überall blinkten grell die Signallampen der Abschleppwagen. Aus jeder zweiten Straße

mußte ich rückwärts wieder heraus. Es war die Hölle. Aber ich dachte gar nicht daran aufzugeben. Ich muß mehr rückwärts als vorwärts gefahren sein. Und dann spürte ich plötzlich …«

So beginnt eine Erfahrungsgeschichte mit deutlichem Ich-Bezug. Sie enthält die Momente Verwegenheit, Durchsetzungsvermögen und unverschuldetes Leid. Und genau an diesen Momenten gilt es festzuhalten, sie konstituieren schließlich das Lebenselixier, den Elan des wieder Aufzurichtenden. Dagegen wäre es schlicht verhängnisvoll, ein solches Opfer (womöglich noch unter dem spießigen Hinweis auf verkehrspolitischen Sachverstand) schlicht und einfallslos mit seinem Röntgenbild zu konfrontieren, das ihn in eine endlose Galerie ähnlicher Ablichtungen einreiht.

Es darf demnach einem Bibliothekar auch nicht abgenommen werden, er habe sich im Laufe seines mehrjährigen, bedauerlicherweise anerkennungslos gebliebenen Einordnens schwerer Folianten auf entweder zu hohen oder zu niedrigen Regalböden eine einseitige Belastung zugezogen, die trotz verschiedener Kuren eines Tages zum bedauerlichen Verschleiß geführt habe. Sehr viel besser klingt die therapeutische Version:

»Ich mußte als Einzelgänger handeln. Hier versteht doch niemand außer mir das griechische Alphabet, die Signaturen werden ohne Sinn und Verstand erteilt. Leitern machen mir nichts aus, in meiner Jugend war ich ein begeisterter Alpinist. Ich wußte also, was mir bevorstand, als ich den schweren Band der Vulgata in die Hand nahm. Doch einmal heißt es, von einem Traum Abschied nehmen. Dennoch: An solchen Herausforderungen scheitern nur die Starken. Ich würde es jederzeit wieder versuchen. Selbst unter denselben Bedingungen!«

Vielleicht sollten wir bei unserem Beispielkränzchen auch nicht auf den allseits wegen der Weitschweifigkeit seiner Erinnerungen wie der Dumpfheit seines Satzbaus gefürchteten Chefarzt T. verzichten, den sein Rückenschicksal während eines Routineeingriffs am Blinddarm des Sohnes unseres Bürgermeisters ereilte. Ihn halte ich für ein positives Beispiel:

»Stand, wie ich immer sage, alles auf der Schneide des Skalpells. Schneider war keine schlechte Hand bei Leistenbrüchen, allerdings schwerer Raucher. Dafür aber einen festen Blick. Nicht so wie meine Assistenten. Die warteten auf meinen Urlaub, wenn sie sich an der Bandscheibe operieren lassen mußten. Feige Kerle, merkte ich an ihren Augen. Habe persönlich mehr Bandscheiben das Fürchten gelehrt als irgendeiner meines Jahrgangs. Den Blinddarm machte ich damals natürlich nur wegen der äußerst gefährlich zum Sozialismus kippenden Stadtratswahl. Verhängnisvoller Ausgang, letzten Endes, doch unumgänglich ...«

Diese Lebensgeschichte muß man nicht nacherfinden, deswegen kann ihr künftiger Verlauf nur als günstig bewertet werden. Der Eingangswinkel eines körperlichen Verhängnisses muß auch zu dessen Ausgangswinkel werden; wo das nicht gelingt, scheitert notwendig alle heilende Kunst.

Das behaupte ich, wie eingangs zugestanden, als medizinisch völlig unbefugter Laie. Keine Krankenkasse würde mich ernst nehmen. Bestärkt fühle ich mich in meiner Überzeugung allein durch den ständigen gesellschaftlichen Umgang mit jenem tristen Heer der maulfaul vor sich hin Brütenden, die allenfalls noch bei der Erwähnung des wilden Wortes »Fango« in eine Vorform der Entstarrung zu gelangen scheinen.

Meine Therapeutin verhielt sich damals ganz anders. Einige geschickte Druckreize ihrer beiden Daumenkuppen in meinem oberen Nackenbereich genügten, um meine Zunge zu lösen:

»Alles begann in jenem zugigen Zelt, auf dem Hemingway bestand, weil er behauptete, der Geruch von Schriftstellern reize das Gnu, bis es so weit seinen Verstand verliere, sich selbst der Bedrohung durch den Berglöwen auszusetzen. Ich hatte die ganze Nacht mit der Korrektur von Ernests letztem Manuskript verbracht. Wie immer folgten sehr packende Passagen von übermenschlichen Herausforderungen auf gänzlich überflüssige, fast triviale Beschreibungen, die Munitionskästen, Kühlschränke oder lückenhafte Moskitonetze zum Thema hatten. Während ich diese so unterschiedlichen Stilebenen noch miteinander zu harmonisieren versuchte, drehte der Wind und blies nun von den Gletschern ...«

»Ich denke, Sie fühlen sich schon besser«, sagte die Therapeutin und hob sanft ihre Daumen aus meinem Nacken.

Sechzehnter Wirbel
Verkehrsopfer

Niemand kann über meinen Onkel H. sagen, er sei ein ge-fühlsbetonter Mensch. Allenfalls im Vergleich mit meinem Großvater, ich meine den Vater meines Vaters, könnte man ihn als weich bezeichnen, doch der gehörte noch zu einer Generation, die das Wort »Humanitätsgedusel« mit kaltem Wohlbehagen aussprach. Dennoch empfand sogar mein On-kel, daß der Sitz des neuen Audi Quattro zu tief liegt. »Sie bauen heute Autos nur noch nach Autos«, sagte er mit dröh-nendem Vorwurf, als ich ihn auf den Beifahrersitz niederglei-ten ließ. »Früher bestieg man ein Auto wie ein Pferd – oder nahm darin Platz wie in einer Kutsche.«

Ich habe meinen Onkel weder auf einem Pferd noch je in einer Kutsche erlebt, die Erinnerung der späten fünfziger und frühen sechziger Jahre befördert eher das Bild von einem blaßblauen Volkswagen, später von einem grünlichen Opel, in dem mir schon nach wenigen Kilometern kotzübel wurde. »An der Federung liegt es nicht«, pflegte er mich anzubrüllen, wenn ich am Straßenrand um Fassung rang. Die strenge Tante begründete mein Unwohlsein günstigstenfalls mit der mir angeborenen Kurzsichtigkeit, meist aber mit meiner Vorliebe für Birnenkompott. Das alles kam mir wieder in den Sinn, dazu noch der dumme Gedanke, daß ich außer dem Traktor meines Nachbarn kein Fahrzeug kenne, welches man wie ein Reittier besteigen kann.

»Der tiefe Sitz«, sagte mein Onkel, der meinen rechten Schenkel fest im Griff hielt, während er mit der anderen Hand nach dem Verschluß für seinen Sicherheitsgurt suchte, »verhindert dir nur die Übersicht. Ich spüre den Verlauf der Straße, aber lediglich im Rücken. Wenn du mich fragst: Diese neuen Dinger sind entwürdigend, das spüre ich beständig im Sympathikus. Aber der Konkurrenz muß man sich eben stellen.«

Der Sympathikus ist meines Onkels Lieblingsnerv. Anatomisch sitzt er im Rückenmark, doch wenn der greise Herr davon spricht, glaubt man, es handele sich um seinen kleinen Zwillingsbruder im Handschuhfach. »Diese ganze moderne Fahrkultur ist nur ein weiteres Zeichen für die jetzt auch in Deutschland grassierende Dekadenz!«

Vorsichtig gab ich ihm zu bedenken, daß wir uns in seinem eigenen Auto befanden. Seit einem ersten Anfall von Muskelrheumatismus, kurz nach seinem siebzigsten Geburtstag, läßt sich mein Onkel auf dringenden Rat seines Arztes von den Mitgliedern unserer Familie chauffieren. Über den Kauf eines neuen Wagens entscheidet er jedoch allein, so etwas sei schließlich Männersache, weswegen er selbstverständlich an diesem herbstlichen Tag auch unverzüglich zum Autosalon nach Frankfurt befördert werden mußte, den der Verkehrsminister am vergangenen Wochenende eröffnet hatte. Autokratisches Gebaren umrankt die männlichen Zweige meines Stammbaums wie dichter Efeu.

Der Schöpfer des Wortes »Autosalon« fügte auf eine äußerst prägnante Weise die verschiedensten Triebe des Man-

nes zu einem gemeinsamen Begriff: unsere Sehnsucht nach
der geschmeidigen Raubkatze, den Anspruch auf geistvolle
Unterhaltung, die Schwäche für technische Spielerei und auch
den Hang zum Schnickschnack. An manchen Ständen wird
sogar für die Bedürfnisse der Nase gesorgt, was mir schon
deswegen als Verschwendung vorkam, weil mein Onkel seiner
Natur nach völlig geruchlos ist. Doch im Autosalon werden
nicht nur die traditionellen Geschlechtsrollen überwunden,
hier kann der Mann gleichzeitig oder hintereinander Höhlen-
mensch und Barbiepuppe, Vater, Mutter und Kind sowie ihrer
aller Widersacher spielen.

Mein Onkel entschied sich gleich nach unserem ersten
Orientierungslauf leider für den Part des feurigen Liebhabers.
Sein Hausarzt, behauptete er, habe ihm dringend geraten, den
periodisch auftretenden Schmerz im unteren Bereich der
Wirbelsäule durch ein sowohl »leistungsstarkes« wie »hoch-
gelegtes«, dabei aber auch »witterungsfestes« Gefährt zu ent-
schärfen, welches so hart gefedert sein müsse wie der Kern-
stoff einer Tatami-Matte. Das spreche eindeutig für einen
Geländewagen »mit mehr Zylindern, als zu meiner Beerdi-
gung je getragen werden«, andererseits sei er aber auch zeit
seines Lebens »kein Kostverächter« gewesen, weshalb die heu-
tige Besichtigung keinesfalls die ausgestellten Boliden unserer
italienischen Nachbarn auslassen dürfe. Er sprach in diesem
Zusammenhang wiederholt von »Schnuckelchen«, die ihm
ein Gefühl von Kontrolle zurückschenkten, das er seit einigen Jahren vermisse. Am liebsten, sagte er, würde er natürlich
im Stehen fahren, die Zügel so fest in der Hand wie ein römischer Agitator, das sei jetzt nur teilweise scherzhaft gemeint.
Überhaupt müsse man auf einen Motor peitschen können,

aus der Schulter heraus, und nicht auf Pedale drücken, welche nur durch die Anstrengung »niederer« Wirbel bewegt würden; auch löse schon das Wort »Kupplung« bei ihm mittlerweile die häßliche Assoziation mit seinen schadhaften Bandscheiben aus. Das hingegen erkenne er sofort als ein weiteres Symptom jener grassierenden Neigung zur Dekadenz, ausgelöst durch die zahllosen sensationsgeilen Gesundheitsmagazine an den Bahnhofskiosken oder im Fernsehen, und dagegen wolle er sich »zur Not auch schriftlich« einmal ganz eindeutig verwahren.

Meines Onkels so häufig beschworener Leistungsnerv, der Sympathikus also, ließ in diesem Moment offenbar ohne Sinn und Verstand Adrenalin und Noradrenalin in sein System schießen, aktivierte die bekannten Zentren der Selbstzerstörung und blockierte die Organe der Zurückhaltung. Mit der Leidenschaft eines jugendlichen Liebhabers bückte er sich unter die silberne Motorhaube von einem der Schmuckstücke dieses Salons, strich zärtlich über Kabel, befingerte Ölfilter, tätschelte freiliegende Nockenwellen. Doch schon nach dem sechsten oder siebten Hautkontakt ereilte ihn das Verhängnis: Die linke Hand umklammerte einen Bremskraftverstärker, die rechte winkte nach Hilfe, der Rücken beschrieb eine starre Bogenform.

Als ich näher trat, um ihn aus seiner mißlichen Lage zu befreien, traf mich der Blick eines Leidenden. Zum ersten Mal erkannte ich in den Augen meines Onkels so etwas wie eine Seele. »Die Prospekte«, rief er verzweifelt, während ein junger Sanitäter sich langsam in seine Armbeuge drehte, um ihn in die Ordonnanz des Notarztes zu schleppen, »gib ja acht, daß keiner von den Prospekten verlorengeht!«

Die Umstehenden betrachteten seinen Abgang mit dem Respekt von Jägern, die dem angeschossenen Waidbruder ein Spalier bilden. Natürlich wurden keine Hörner geblasen, doch für eine geraume Zeit stellte sich jene beklemmende, spannungsgeladene Stille ein, welche die Anwesenheit von potentieller Gefahr zu verbreiten pflegt. Die Fahrzeuge standen noch immer regungslos, zum Teil sogar obszön entkleidet auf ihren Drehscheiben, aber eines hatte trotz seiner Entblößungen schon ein Opfer gefordert.

Die eingetretene Veränderung läßt sich vielleicht am besten als eine Neufiguration der Körpersprache beschreiben. Die Beschauer von Motoren und Karosserien verhielten sich nämlich auf eine wunderliche Art wie jene Salongäste, die wir aus den Berichten der klassischen Zeugen kennen: Sie verfeinerten augenfällig ihre Bewegungen, denen zuvor oft etwas Rüpelhaftes anzumerken gewesen war; dort, wo in der vergangenen Stunde barsche Kommentare den Ton angegeben hatten, strömten jetzt halbe oder gar ganze Sätze, und besonders deutlich verbesserte sich die männliche Beugekultur.

Die Herren wippten auf ihren Fußballen und Fersen, streckten fast anmutig Rumpf und Nackenpartien und verlagerten nach sämtlichen Vorschriften der Ergonomie ihr Körpergewicht auf die am stärksten belastbaren Teile des Muskelapparates, bevor sie sich in einem der ausgestellten Fahrzeuge niederließen. Sie gewährten dabei sogar einander den Vortritt, ja, mancher verzichtete auf sein durch langes Schlangestehen erworbenes Recht und räumte mit mal verlegenem, mal kameradschaftlichem Lächeln dem Hintermann seinen Platz, um dann einfach nur beifällig zuzuschauen.

Mein Onkel hatte inzwischen die bei solchen Anlässen

üblichen Spritzen verabreicht bekommen und war wieder bester Dinge. »Was Technik beschädigt, kann nur Technik wieder aufbauen«, rief er und schwenkte ausgelassen eine Pillenschachtel, die ihm auf der Sanitätsstation mitgegeben worden war. »Wir machen jetzt weiter! Denn was wir nicht machen, das machen die anderen ohne uns. Klingt nach Philosophie, ist aber wahr. Wo geht es zu den Allradgetriebenen?«

Auf der Heimfahrt schwärmte er von den Schotterstraßen seiner Kindheit.

Fremde Sorgen

Laura und ich waren uns zum ersten Mal begegnet, als wir einander vor der Drehtür des Hotels den Vortritt lassen wollten. Unsere Gesten waren dabei auf schräggelegte Köpfe und ein Lächeln beschränkt gewesen, weil jeder von uns Postgut im Arm trug, dessen korrekte Frankierung den Concierge überfordert hatte. Ihre Last bestand aus zwei Schachteln, denen man nicht ansah, ob sie flache Hüte, Torten oder einen literarischen Nachlaß enthielten, jedenfalls waren sie auf eine altmodische Weise so verschnürt, daß Name und Anschrift des Empfängers im Zentrum einer von den Kordeln gebildeten Raute lagen, der Absender hingegen außerhalb dieses Feldes vermerkt war, als wollte er eine respektvolle Distanz bewahren.

Ich achtete auf diese Einzelheiten nicht etwa, weil mich Laura zu diesem Zeitpunkt bereits körperlich reizte, sondern einzig, weil ich mir eine Meinung darüber zu bilden suchte, ob mir das Gewicht ihrer Fracht die Höflichkeit gestattete, sie ihr abzunehmen. Schließlich obsiegte die Furcht, es könne sich doch um einen literarischen Nachlaß handeln. Aber als sie mich in einer dunklen Stimme mit leicht fremdländischer Aussprache fragte, ob ich ihr den Weg zum Postamt weisen könne, sie sei zum ersten Mal in dieser Stadt, zögerte ich natürlich keine Sekunde und bot ihr meine Begleitung an.

An diesem Morgen verspürte ich mehr als die üblichen Beschwerden in meinem Bewegungsapparat. Selbst in Bestform eigne ich mich nicht für einen kraftvollen Gang mit weit ausgreifenden Schritten, aber heute gelang mir nur ein demütigendes Schlurfen. An der Kreuzung vor unserem Bestimmungsort mußte ich sogar auf offener Straße wieder umkehren, weil die tückische Fußgängerampel bereits auf Rot gesprungen war, bevor wir noch ein Viertel des Zebrastreifens hinter uns bringen konnten.

Ich sage »wir«, obwohl ausschließlich von meiner Behinderung die Rede ist. Doch Laura hielt sich wie ein Schatten an meiner Seite. Sie betrachtete mich, als ob die verquere Erscheinung neben ihr Teil des großen Rätsels wäre, das ihr die fremde Stadt auferlegte, eines Rätsels, auf das sich früher oder später genauso eine Antwort würde finden lassen wie für die verschmockten Fassaden der Häuser, den allgegenwärtigen Geruch von Erbsensuppe oder die eintönige Bepflanzung der öffentlichen Grünanlagen.

In der langen Schlange vor dem Postschalter erfuhr ich ihren Beruf und ihren Namen. Sie stammte aus Krakau, restaurierte moderne Plastiken, und in ihren Päckchen verschickte sie handgezeichnete Entwürfe an ihren Auftraggeber, einen Kölner Galeristen.

Das Postamt an der Eppendorfer Landstraße, so viel hatte ich schon bei einem früheren Besuch herausgefunden, lockt eine Kundschaft an, die dazu neigt, beim Ankauf von Briefmarken hartnäckig zu feilschen, Sonderausgaben sorgfältig auf ihre Echtheit zu prüfen und sich den Zinsertrag ihres Sparbuchs noch einmal penibel nachrechnen zu lassen. So etwas erfordert viel Zeit, und da der Dienst der Beamten im

Rhythmus von Halbstunden eingeteilt ist, kommt es häufig vor, daß sich die Schlange durch ein plötzlich aufgestelltes Pappschild mit der Botschaft »Vorübergehend geschlossen« ein neues Ziel suchen muß. Normalerweise verbittert mich eine derartige Demütigung, ganz besonders, wenn ich mit einem ausländischen Gast zusammen bin, doch Laura lächelte meinen Unmut mit dem Hinweis fort, sie sei aus ihrer »sozialistischen Biographie« mit jeder nur erdenklichen Form von Anstehen bestens vertraut und sogar ein wenig belustigt darüber, daß »im Westen« jetzt auch die »polnische Wirtschaft« ihren Einzug gehalten habe. Nun rede man im Polnischen zwar nicht von einer »Schlange«, sondern von einem »Bummelzug«, aber gerade das Wort »Schlange« beschäftige ihr Denken in diesen Tagen ganz besonders, denn bei ihrem hiesigen Auftrag gehe es um die Erhaltung einer äußerst wertvollen Plastik aus gefüllten Joghurtbechern, die eine aufrechtgehende Schlange darstelle und so auch betitelt sei. Der Besitzer des Objekts drohe, den Händler zu verklagen, weil das Tier mittlerweile durch verschiedene, den ursprünglichen Ausdruck entstellende Hilfskonstruktionen gestützt werden müsse. »Begreifen Sie«, lachte Laura, »der Künstler verstand nur wenig von Milchprodukten und hat nicht geahnt, daß jeder Joghurt nach einer gewissen Zeit verklumpt, weshalb er vielleicht als Idee von Vergänglichkeit, doch nicht als geeignete Repräsentation für den aufrechten Gang in Frage kommt.« Während sie virtuos und fehlerfrei durch diesen komplizierten Satzbau stieg, ließ sie ihre beiden Päckchen mehrmals aus einer waagerechten Position herabsinken und richtete sie dann mit einer behutsamen Geste langsam wieder auf.

Sie redete so beschwingt, daß ich ihr nur hingerissen zuhören konnte. Doch gleichzeitig überfiel mich ein lähmendes Gefühl der Verpuppung. Nach wenigen Momenten fühlte ich mich wie ein gealterter Joghurt *und* sein Becher, beides muß entweder mit der Grazie ihrer Bewegungen oder mit dem Wort »verklumpen« zusammengehangen haben.

Was aller Logik zuwider und allen Widrigkeiten des Postamtes zum Trotz nur dazu führte, daß ich sofort und inständig begann, Laura heftig zu begehren.

Dieses Gefühl verstärkte sich noch am späten Nachmittag desselben Tages, als ich sie aus der Verborgenheit der Telefonzelle in der Empfangshalle unseres Hotels betrachten konnte. Vermutlich verfügt jede bedeutende Fallgruppe von Krankenversicherten über ihren eigenen Einstieg in die Geheimnisse der Erotik; für den von seinem Kreuz Geplagten liegt der verführerische Zauber zuallererst in jenen Signalen des Körpers, die sich aus der Spannung zwischen einer grazilen Muskelfläche und deren Verhüllung durch Textilien herstellt: aus dem ungezwungenen Anheben eines dunkelbestrumpften Beins, der graziösen Straffung der Brüste unter einem weißen Mieder, dem sanften Abbild einer Polinie auf dem Minirock. Mir ist bewußt, daß ich jetzt nur Körperteile aufgezählt habe, denen jede Fibel der Sexualaufklärung ihre erste, plumpe Beachtung schenkt, aber genausogut hätte ich die Nackenlinie, das Knie oder die Achselhöhlen erwähnen können, denn es kommt mir nicht so sehr auf diese Standardobjekte der erotischen Aufmerksamkeit an wie auf das kunstvolle Zusammenspiel von bewegten Formen und ihren flüchtigen Verschleierungen. Das Gedächtnis meines Herzens ist voller sehnsüchtiger Erinnerungen an Momente, in denen seidene Ärmel sacht den Unterarm hochstreichen, bordürte Rocksäume über Waden tanzen, zarte Träger von Achselkuppen gleiten.

Die selbst noch das falsche Rokoko-Sofa unseres Hotels als eine Bühne nutzende Laura erschien mir wie das fleischgewordene Wort aller Phantasien, die sich ein Rückenleider je ausdenken konnte.

Daß sie dieses Kunstwerk ihrer eigenen Erscheinung jedoch an einen jungen Mann zu verschwenden schien, den ich selbst durch die getrübte Scheibe der Telefonzelle als einen ungeschlachten Körperverwerter ausmachen konnte, einen tumben Siegfried, erfüllte mich mit einer Mischung aus Haß, Neid und Sehnsucht. Nichts war zwischen Laura und mir vorgefallen, was dieses landläufig »Eifersucht« genannte Gefühl auch nur im geringsten hätte rechtfertigen können, vielleicht war jener nicht schlecht gekleidete Muskelmann, der ihr gegenübersaß und seine Oberschenkel kreuzte, als sei das die natürlichste Sache der Welt, auch nur der Lieferant neuer Joghurtbecher. Doch zwischen den beiden, das spürte ich deutlich, spielte sich eine heftige, ihm ebenso gut wie ihr verständliche Inszenierung ab, die ich nur als ein unbewußtes provozierendes Korrespondenzverhalten deuten konnte.

Vielleicht humpelte ich deshalb so übertrieben, als ich aus der Kabine trat. Mein Atem begann zu schnappen, der Rücken wog zentnerschwer, als hätte ihn mir ein böser Feind zubetoniert. Laura winkte mich zu ihrem Tisch, der junge Mann erhob sich lässig.

»Kein Problem«, sagte er, »wir sehen uns dann später.« Er beugte sich neben seinen Sessel, griff dort nach einer massiven bronzenen Buddhastatue und jonglierte mit ihr, als wäre sie eine kleine Puppe aus Pappmaché.

»Seine Sorgen möchte ich haben«, seufzte Laura, nachdem der junge Mann davongetänzelt war, »seine Sorgen und das Geld von Rothschild.« Sie schüttelte eine Zigarette aus ihrer Packung. »Bei ihm ist die Korrosion noch nicht einmal in die Tiefe gegangen. Alles, was ihm fehlt, ist eine verdünnte Lösung von Ammoniak, ein Stofflappen sowie ein Paar Gummihandschuhe. Hätten Sie vielleicht Feuer für mich?«

Meine Unaufmerksamkeit ist nur dadurch zu entschuldigen, daß ich bei den Worten »Korrosion in der Tiefe« nicht zunächst an den Buddha, dafür sofort an mein Kreuz gedacht hatte. Glücklich riß ich ein Zündholz an. Ich konnte mich sogar schon wieder um ein winziges Segment zu ihr hinüberbeugen. Dieser junge Mann war also nicht an Laura als Erscheinung, sondern nur an Laura als Restauratorin interessiert. Übermütig verlagerte ich das Gewicht meines Oberkörpers von der rechten auf die linke Lehne des Sessels. So oder so ähnlich muß es zugehen, wenn sich ein Affektstau löst.

»Meine Objekte«, sagte Laura bitter, »trocknen aus, zerbröckeln, schrumpfen oder werden von Schimmel befallen; das ist der Preis dafür, daß man in der Gegenwart lebt.«

Schon wieder fühlte ich mich persönlich angesprochen. Nur die Sache mit dem Schimmel konnte ich guten Gewissens zurückweisen. Rückenleidende sind nun einmal außerordentlich empfindlich. Den Rest des Nachmittags verbrachte ich abgestützt stehend an der Hotelbar. Für Männer mit meinen Beschwerden liegt in dieser Haltung ein süßes Memento an die Anfänge des aufrechten Gangs. Und hinter den Flaschen sieht man nur sich selbst.

Der hysterische Bogen

Wenn ich die Vorhänge zuziehe, werden meine Gedanken dichter. Der Blick in eine weite Landschaft, so anmutig sie auch sein mag, zerstreut mich so sehr, daß ich danach lange Zeit brauche, die bunten Bilder von Bäumen und Feldern oder der Flußkrümmung aus meinem Denken wieder zu entfernen. Diese Impressionen legen sich wie wilde Farbkleckse über die strengen Linien meiner Argumente. Was eben noch eine klare Schlußfolgerung war, ein unwiderlegbarer Beweis oder eine deutliche Zurückweisung, fängt an zu verschwimmen, zu tänzeln und sich davonzuschleichen.

Ich bewegte also die schweren Vorhänge aufeinander zu, als mein Freund Julius auf das Thema Erotik zu sprechen kam. Julius ist ein ausgewiesener Kenner sowohl der griechischen Kultur als auch der Botanik des Voralpenlandes, beides mögliche Ansatzpunkte für eine einschlägige Diskussion. Er ist freilich auch ein scharfsinniger Debattierer, leider mit gelegentlichen Anfällen von Hitzköpfigkeit, die aber allein seiner intellektuellen Virtuosität geschuldet sind. Warum er an diesem Abend über mein Liebesleben sprechen wollte, war mir schleierhaft, doch ich beschloß, auf der Hut zu sein.

»Es geht nicht um den sexuellen Vollzug«, sagte Julius,

nachdem wir uns vor den Rotwein gesetzt hatten, »du mit deinem Kreuzleiden wirst das am besten verstehen, wobei, nebenbei erwähnt, schon das von dir so gern benutzte Wort ›Vollzug‹ schlimme Assoziationen von der Mechanik bis zur Strafjustiz heraufbeschwört, nein, die ganze Geschichte mit der Kopulation ist eine reine Kopfzeugung.«

Da mir bekannt war, daß mein Freund schon zweimal ein Verhältnis mit seiner jeweiligen Analytikerin begonnen hatte, bevor die kurze Phase der Exploration auch nur halbwegs als abgeschlossen gelten konnte, nickte ich nur.

»Gegenübertragung«, sagte ich, um ihm gleich jenes professionelle Stichwort aus dem Maul zu klauben, das er für diese Affären zu verwenden pflegte, »mit Verlaub, so recht benutzerfreundlich kommt mir dieser Begriff auch nicht vor. Ich weiß«, fuhr ich mutig fort, »wie sehr die Psychologen an ihm Gefallen gefunden haben. Trotzdem klingt er einmal nach einem notariell begleiteten Bankgeschäft, zum zweiten nach künstlicher Befruchtung und schließlich auch noch nach einem kindlichen Huckepack-Wettbewerb fürs Werbefernsehen.«

Vermutlich diktierte der reine Neid meine Wortwahl. Ich habe noch nie mit einer Psychoanalytikerin geschlafen; um die Wahrheit zu sagen: ich wäre dazu auch viel zu ängstlich. Genausowenig würde ich aber auch je die für Inneneinrichtung zuständige Redakteurin der Zeitung, für die ich arbeite, in meine Wohnung einladen oder den freundlichen Mechaniker, der mein verschlamptes Auto wartet, als Beifahrer akzeptieren. Schließlich zieht sich bei manchen Männern immer noch eine Grenzlinie zwischen dem Privaten und dem der neugierigen Öffentlichkeit Zurschaustellbaren. Das alles führte ich nicht wörtlich aus, doch meine Körpersprache verfügt über einen Resonanzboden, der so füllig ist wie eine Baßgeige.

»Du blockierst«, sagte Julius, der wie immer sowohl in meinem Körper wie in meinen Gedanken gelesen hatte, »das erklärt auch die Probleme, die du mit deinen Lenden hast.« Seine Fingerkuppen strichen zärtlich über eine Skulptur, die ich in der vergangenen Woche erworben hatte: eine weibliche Gestalt, den gelockten Kopf tief nach hinten in den Nacken gesenkt, die Arme weit ausgebreitet, die Beine eng aneinandergeschmiegt. Ein Traum aus Bronze und Elfenbein, leider kein Original, doch immerhin die getreue Kopie einer Statuette von Ferdinand Preiss, der diese Allegorie etwas einfallslos »Frühlings Erwachen« genannt hatte.

»Was empfindest du, wenn deine Hand langsam diese exquisite Rückenlinie entlangfährt?« fragte mein Freund herausfordernd.

»Neid«, antwortete ich spontan, »einmal den konkreten Neid auf den Besitzer des Originals, zum anderen den eher abstrakten Neid auf die Biegsamkeit seines Modells. Selbst für alles Geld von Opus Dei würdest du mich nicht dazu bewegen können, in einer solchen Haltung länger als zwei Minuten auszuharren.«

Julius seufzte. »Denke weiter«, forderte er mich auf, »denke in größeren Zusammenhängen!«

Wenn ich etwas hasse, so sind es Gebote zum »Denken in größeren Zusammenhängen«. In meiner Studentenzeit tauchte in jedem Seminar ein Schlaukopf auf, der noch die subtilsten Einzelheiten eines Gedichtes, einer historischen Anekdote, einer künstlerischen Pointe auf das Hackbrett ihrer denkstrategischen Verallgemeinerbarkeit zwang. Mit demselben Grauen erinnere ich mich auch an die bohrend mißtrauische Frage eines Institutsdirektors, der von mir wissen wollte, was denn eigentlich meine »kontingenten erkenntnistheoretischen Motivationen« seien. Ich habe immer lieber Maupassant gelesen als die Berichte einer Kommission von Soziologen, wenn ich mir über die Zustände der französischen Gesellschaft vor der Jahrhundertwende ein Bild zu machen versuchte, fand den frühen Engels stets spannender als den späten Marx, würde Dante und nicht den Dämonologen der Kirche den Vorzug geben, falls sich meine Neugier auf das Inferno kaprizierte.

»Die Rückenlinie«, wiederholte mein Freund, »konzentriere dich auf das Bild dieser Frau! Ich füge nur ein Stichwort hinzu: Hysterie!«

Da wir dieselben Autoren schätzen, wußte ich sofort, daß er sich auf einen vor mehreren Jahren erschienenen Aufsatz bezog, in welchem ein kluger Kulturhistoriker das Krankheitsbild der Hysterie als ein mehr oder weniger im Jugendstil aufgelöstes Gesamtkunstwerk von Dichtung, Malerei und Medizin würdigt. Ich hatte die dargestellten Mänaden, all jene begehrenswert den Körper öffnenden, die Arme abspreizenden Frauengestalten, damals als Symbole der weiblichen Hingabe gedeutet, Julius lenkte dagegen mein Augenmerk auf die Nackenposition und redete von »pathologischer Erstarrung«, später auch von einer Katharsis des hysterischen Verhaltens. Um seine Ansicht zu bekräftigen, verwies er gleich mehrfach auf die berühmten Fotografien Paul Régnards von einer gewissen Augustine, die den Studenten des Krankenhauses Salpêtrière wie eine Ballettmamsell den perfekten hysterischen

Bogen vorgeführt hatte. Wenn ich mich recht entsinne, hielt ich meinem Freund entgegen, daß diese Fotos, vor einem anderen Hintergrund aufgenommen, genausogut die weibliche Position in der »Todesspirale« beim Eiskunstlauf der Paare hätte wiedergeben können. Ich weiß allerdings nicht mehr, ob wir danach je zu einer uns beide zufriedenstellenden Gesamtansicht gelangten. Vermutlich nicht, denn Julius hat meines Wissens noch nie das Programm eines Eiskunstlaufs verfolgt, und ich neige leider dazu, vorschnell zuzustimmen und erst im sehr späten Nachhinein meine Meinung zu finden.

Diesmal konnte ich jedoch das Argument meines Freundes förmlich riechen. Daß ich dabei niesen mußte, bestärkte mich nur in meiner Gewißheit.

»Du willst also behaupten«, rief ich, nachdem das grünumhäkelte Taschentuch, welches er mir angeboten hatte, in meiner Rocktasche verschwunden war, »du bist tatsächlich und allen Ernstes der Ansicht, daß der Rückenpatient des ausgehenden 20. Jahrhunderts nichts anderes darstellt als die Hysterikerin des ausgehenden 19. Jahrhunderts, sieht man einmal von dem kleinen Unterschied ab, daß *sie* sich nach hinten bog, während *seine* Krümmung eindeutig nach vorne verläuft.«

»Gewisse Krankheiten unterliegen der Mode«, antwortete Julius, »sie tauchen auf, und dann verschwinden sie wieder. Ich habe das Thema Sexualität noch gar nicht erwähnt, doch auch dir wird aufgefallen sein, daß die Haltung eines Embryos, die du bei deinen, wie du es nennst, ›Befällen‹ einnimmst, keinen anderen Schluß zuläßt als den zwingend notwendigen, du müßtest deine Geschlechtsteile schützen.«

»Dazu war ich auch schon in der Lage, bevor ich das erste Mal den Orthopäden aufsuchte«, entgegnete ich trotzig, wohl wissend, daß ich diese Auseinandersetzung bereits verloren hatte.

Der Kotau

Es dauerte einige Tage, bis ich meiner Freundin Pauline Wu nachsah, daß sie mich am Mondfest zu ihren Eltern eingeladen hatte. Kulturell hatte das Fest zwar durchaus seine erhellenden Momente, doch für den Zustand meiner Wirbelsäule erwies es sich als verhängnisvoll. Natürlich handelte es sich nicht um einen Fall von böser Absicht, von Intrigenspiel oder Fahrlässigkeit, dazu war Pauline ein viel zu aufrichtiges Wesen, und gesetzt selbst, es hätte, was ich bezweifle, irgendwann in ihrer Kindheit ein Schatten von Boshaftigkeit auf Paulinens Seele gelegen, dann wäre dieser längst von den sie erziehenden Missionaren hinweggeleuchtet worden. Ein Chinesenkind, das nach dem Apostel Paulus benannt wurde, kennt keine Abgründe.

Ich sollte hinzufügen, daß Pauline Wu wunderschön war. Chinesische Autoren hätten zur Beschreibung ihrer Erscheinung das Bild von Mandeln und von zarten Pfirsichen bemüht, von schwarz schimmernder Seide für ihre Haare, von Libellen für die Taille und von biegsamem Bambus für die Haltung des Körpers.

Ich sollte vielleicht auch noch hinzufügen, daß ein chinesisches Mondfest heutzutage selten so poetisch abläuft, wie es der silbern tönende Name nahelegt. Im Grunde geht es darum, möglichst viele verschiedene Küchlein bei möglichst vielen Verwandten, Freunden oder Vorgesetzten unterzubringen, entgegenzunehmen und zu verzehren, wobei der Völlerei schon dadurch eine gewisse Grenze gesetzt ist, daß die Naschwerke mit einer dicklichen süßen Füllung ausgestattet sind, welche in der Mundhöhle blitzartig anschwillt wie ein Kugelfisch, wenn er sich bedroht fühlt.

Möglicherweise sollte ich auch noch das Heim und die Eltern von Pauline beschreiben. Die Mutter habe ich allerdings nie zu sehen bekommen. Der Anblick des Vaters hätte keinen chinesischen Dichter zu Vergleichen mit Obst, Insekten oder Buschwerk angeregt, der »alte Wu« blickte einer ihm ständig fremder werdenden Welt immer als Offizier ins Auge, trotzig, mißtrauisch und herrschsüchtig. Einem Karikaturisten wäre bei seinem Anblick allenfalls ein altertümliches Schalen- oder Krustentier als Modell eingefallen, und er hätte dessen hervorstechende Augen mit besonders hämischen Strichen betont.

Womit wir beim Heim angelangt sind. Es lag in einem südlichen Vorort von Taipeh, dort, wo noch die traditionellen Häuser standen. Die Mauern waren grau verputzt, die Türen niedrig, die Lampen hingen tief. Ein durchschnittlich gewachsener Mitteleuropäer mußte seinen Kopf beständig in Brusthöhe tragen, und selbst Pauline hielt ihr hübsches Haupt stets gesenkt. Doch das hatte sie schon als Kind so getan, denn mit dieser anmutigen Geste äußert ein chinesisches Mädchen den geschuldeten Respekt vor dem Erzeuger.

In der Empfangshalle überreichten wir unter den obligaten Verbeugungen die mitgebrachten Mondküchlein, die der Vater nach kurzem Grunzen zu dem Haufen bereits empfangenen Gebäcks schob. Dann zog mich Pauline in eine dunkle Ecke der Halle, wo wir auf zwei kalten Porzellanschemeln Platz nahmen. »Er ist noch verstimmt wegen du weißt schon«, wisperte sie und rückte schnell wieder von mir ab.

Dieses »Wegen du weißt schon« hatte sich eine Woche davor zugetragen. Wir hatten den letzten Bus verpaßt, der Mond strahlte auch damals, nur noch nicht ganz so hell, mir unbekannte Blumen erfüllten die Nacht mit dem Duft ihrer Blüten, und Pauline hatte sich schmiegsam bei mir eingehakt, als wir in die Gasse zum Haus ihrer Eltern einbogen.

Wahrscheinlich lag es an diesem Überangebot von Romantik, daß ich nicht sofort reagierte, als plötzlich vier junge Männer über die kleine Mauer sprangen, die den Garten des Nachbarn der Familie Wu von der Gasse abgrenzte. Sie waren äußerst spärlich bekleidet, ich erinnere mich undeutlich an lange weiße Unterhosen und nackte, schweißglänzende Oberkörper, doch um so deutlicher an die langen Knüppel, welche die Burschen verwegen wie Baseballschläger schwangen. Ich geriet in Panik.

»Euer Weg sei leicht und gut«, rief ich, weil mir als erstes dieser idiotische Satz aus dem Lehrbuch in den Sinn kam. Dann nahm ich Pauline fest in den Arm.

Der stämmigste der Burschen ließ seinen Knüppel sinken.

»Meine Brüder«, flüsterte Pauline, die die Kerle erkannt hatte, »au weh, da gibt es keine Hilfe.«

»Es ist nur ihr dicker Lehrer aus Deutschland, der mit dem krummen Gang«, sagte ihr großer Bruder, die Enttäuschung war seiner Stimme deutlich anzuhören. »Wir haben hier auf den Verbrecher gewartet, der unsere Schwester in seiner Gewalt hat«, fügte er hinzu. »Seit Stunden haben wir nichts mehr von ihr gehört. Deswegen hat uns der Vater zur Patrouille abkommandiert und ausschwärmen lassen.«

Aus dem Tor kam der alte Wu und trat auf mich zu. Erst als ich die roten Äderchen in seinen Augäpfeln sah, wurde mir bewußt, daß ich Pauline noch immer in den Armen hielt und sich dabei der Schlitz ihres Seidenkleides auf eine Weise verschoben hatte, die ihr linkes Bein bis hoch zum Oberschenkel entblößte. Wäre der Vater ein Kenner lateinamerikanischer Tänze gewesen, hätte er uns für ein Tangopaar halten können.

Doch dem alten Wu war alles Ausländische so fremd wie verhaßt. Und ich entnahm seinem finsteren Blick, daß er mich in jenem Moment als die fleischgewordene Verkörperung der abstoßendsten Aspekte jeglicher fremden Kultur betrachtete. In seinem Mund formte sich eine höllische Verwünschung, doch dann schoß nur eine geballte Ladung Speichel zwischen den Zähnen hervor, die kurz vor meinen Schuhspitzen den staubigen Boden traf. Abrupt wandte sich Wu ab und marschierte wortlos ins Haus zurück.

»Es ist wohl besser, wenn ich jetzt gehe«, sagte Pauline, löste sich aus der Umarmung und richtete ihr Kleid.

Die Brüder folgten ihr. Sie ließen noch ein paarmal ihre Knüppel durch die Luft sausen und warfen sich mit geschmeidigem Spiel in die Posen der klassischen Schwertkünstler aus dem Kloster von Shaolin.

Was sich sonst noch an jenem Abend im Hause Wu abspielte, hat mir Pauline nie erzählt, allerdings bat sie am nächsten Morgen um eine Verlegung ihrer Deutschstunden vom späten Nachmittag auf den frühen Vormittag und sagte zur Begründung nur: »Es ist wegen du weißt schon.«

Und aus genau demselben Grund hockten wir bei jenem Mondfest auf den kalten Porzellanschemeln in der dunklen Ecke der Gästehalle. Natürlich hatte ich gleich dreimal soviel Backwaren besorgt, wie es das Ritual erforderte, und auch eine glitzernde Verpackung erworben, die den höchsten Ansprüchen von Elstern entsprach. Doch schon beim Kauf dieser Güter war mir ein chinesisches Sprichwort eingefallen: »Ein verwunschner Himmel klärt sich nicht ohne Sturm.«

Während ich noch überlegte, von welchem Klassiker diese Weisheit stammen mochte, betraten Paulines vier Brüder die Halle. Jeder schlug sich mit geschlossenen Fäusten auf die Brust, verbeugte sich zeremoniell vor dem Vater und legte das obligate Säckchen ab. Danach verzogen sie sich in die Ecke, die uns am weitesten entfernt war, und bogen wieder spielerisch ihre Körper in einem imaginären Kampfspiel.

Ich gestehe, daß ich sie mit einem gewissen Neid betrachtete. Natürlich habe ich schon als Kind beigebracht bekommen, wie man einen anständigen Diener macht, später, im Turnunterricht, legte ein schmallippiger Sportlehrer äußersten Wert auf die exakte Ausführung von Bück-, Kipp- und Streckbewegungen, beim Militär schließlich wurden mir Übungen beigebracht, die sich wahlweise »Tragen schwerer Lasten«, »Zusammenkneifen des Arsches« oder »würdiger Exerzierschritt« nannten, samt und sonders überflüssige Belastungen des motorischen Apparats. Mit dieser Aufzählung will ich nur andeuten, daß gewisse Formen von Bewegungskultur mir nicht völlig fremd waren, bevor mein Rückenleiden weitere sportive Kühnheiten ausschloß. Was Paulines Brüder hingegen gleichsam privat anstellten, übertraf mühelos alle mir bekannten Gymnastikexzesse, sei es in Turnhose oder in Uniform.

Pauline blickte weiter starr auf den Steinboden, als erwarte sie von ihm eine Vergebung ihrer Sünden. Sie schien nicht einmal zu bemerken, daß ich mich in geduckter Haltung entfernte, um den Brüdern bei ihrem Treiben aus der Nähe zuzuschauen. Was mich dazu trieb, weiß ich heute nicht mehr. Vielleicht handelte es sich um den unbewußten Versuch, mich mit ihnen zu versöhnen, mag sein, daß ich der Verlockung des Kaninchens vor der Schlange erlegen war. Möglich ist natürlich auch, daß ich mich unbeachtet gefühlt und daher schlicht gelangweilt hatte.

Die vier Brüder nahmen zunächst keinerlei Notiz von mir. Die drei jüngeren waren damit beschäftigt, in einer Art Entengang den ältesten zu umkreisen, der vor seinem Unterleib einen imaginären Stab umklammerte und hektisch gegen die Decke stieß. Dabei zischte er sich ein Kommando zu, das ich nach mehreren Wiederholungen als »Palme schießt in den Mond« verstand. Später erfuhr ich, daß in der großen kulturellen Tradition dieser Übungen zu einer jeden Hebung des angewinkelten Arms, zum Kreisen des Bürzels oder zum Abfedern der Fußballen ein klangvoller und meist hintergründig obszöner Name gehört wie »Kranichkönig pickt sein großes Ei« oder »Erschlaffte Donnerschläge schöpfen neue Kraft«.

»Ah-hu«, rief plötzlich der älteste Bruder und zeigte mit seinem imaginären Stecken auf mich. Seine drei Kampfgefährten sprangen aus ihrer Entenhaltung hoch und drohten mit ausgestreckten Zeigefingern ihrer rechten Hand. Der Boden der Halle begann leicht zu schwanken. Irgendwo im verschatteten Hintergrund ging mit leiser, fast stummer Klage eine Vase zu Bruch.

Ich deutete eine Verbeugung an und verzog mich wieder zu Pauline, die noch immer die Staubkörner auf dem Boden zählte.

»Halte deinen Nacken stets biegsam wie das Rohr des Bambus«, sagte Pauline ohne aufzublicken. Sie sprach mit einer so gelassenen Stimme, als zitiere sie aus einem hinlänglich bekannten Ratgeber für Haltungsschäden.

Ich ließ mich auf meinem kalten Schemel nieder und beschloß, tief und grundsätzlich zu denken. Die chinesische Körperhaltung, überlegte ich, trägt, vergleichbar der Philosophie dieser Kultur, das Doppelgesicht von ausgestrecktem Zeigefinger und geschmeidigem Nacken. Anders gesagt: Auch den Leib beherrscht die Spannung zwischen den Lehren von Konfuzius und Lao Tse. Zwischen striktem Gehorsam und flexibler Anpassung. Vielleicht sogar zwischen Rückgrat und Bandscheibe.

Dieser Einfall behagte mir, bis ich in zerstörerisches Grübeln darüber verfiel, ob die so naheliegende Metapher eines Doppelgesichtes gleichzeitig das Bild von einem ausgestreckten Zeigefinger und einem geschmeidigen Nacken vertrüge. Selbst in einem Doppelgesicht hatten eigentlich beide nichts verloren. Andererseits war gegen den Gedanken in seiner unbildlichen Form wenig einzuwenden, er verband auf originelle Weise zwei widersprüchliche Elemente und taugte durchaus für eine kleinere Randbemerkung. Selbstvergessen krümmte und streckte ich ein paarmal meinen linken Zeigefinger und versuchte dann, durch vorsichtige Beckenbewegungen herauszufinden, ob der leichte Schmerz, welcher sich am Morgen zwischen dem vierten und fünften Lendenwirbel bemerkbar gemacht hatte, bereits im Abklingen begriffen war.

Schon drei, vier Muskelanspannungen zeigten mir, daß von einem Nachlassen nicht die Rede sein konnte. Es war sogar genau das Gegenteil eingetreten: Die Weichteile hatten sich zu einem stählernen Ring zusammengeschlossen, den ich bereits fühlen konnte, wenn ich nur zu einem tiefen Atemzug ansetzte. Statt Erleichterung erfüllte Panik meinen Rücken. Ich schloß die Augen. Als ich sie wieder öffnete, hatte sich die Szene dramatisch geändert. Eine Familie – Großeltern, Eltern und eine Handvoll Kinder – hatte die Halle betreten. Dem Aussehen und der Kleidung nach zu urteilen, stammten sie aus einem weit abgelegenen Dorf.

»Vaters Pächter«, flüsterte Pauline, die kurz aufgeblickt hatte.

Auch die Pächter hatten ihre Geschenke mitgebracht. Sie legten sie ehrfürchtig neben der Eingangstür ab, so als hätten sie Angst, die anderen Päckchen zu beschmutzen. Dann gab der Großvater ein Kommando, und die Familie warf sich auf die Knie.

»Nicht nötig«, knurrte der alte Wu, doch zum ersten Mal an diesem Tag wirkte er gelöst, fast heiter.

Die Familie beachtete sein Knurren nicht. Wie es die Zeremonie des Kotaus vorschreibt, ließen sie dreimal die Stirn gegen den Boden schnellen, richteten sich kurz wieder auf und begannen die Übung von vorn.

Gegen Ende des zweiten Durchgangs stand der alte Wu auf und zupfte den Großvater an der rechten Schulter. »Ich sagte doch, es ist nicht nötig, steh endlich auf – und ihr anderen auch!«

Die Söhne und die Enkel verharrten artig, bis sich die Großeltern wieder erhoben hatten, dann sprangen auch sie hoch und klopften sich verstohlen den Staub aus den Gewändern. »Unsere ergebensten Wünsche zum Mondfest!« riefen sie.

Pauline neigte ihren Kopf zu mir. In ihren tiefdunklen Augen las ich Verhängnisvolles. »Ein sehr traditioneller, vielleicht reaktionärer Brauch«, wisperte sie, »aber hast du bemerkt, wie gut meinem Vater dieser Ausdruck von Respekt gefallen hat?« Sie zögerte einen Moment, doch ich ahnte ihre nächsten Worte voraus, als stünden sie mit großen Schriftzeichen auf dem abgeblätterten Putz der Stirnwand geschrieben. Und tatsächlich fuhr Pauline entschlossen fort: »Es ist ja nur wegen du weißt schon. Danach wirst du dich besser fühlen, es geht alles vorbei.«

»Protest« ist eine viel zu hilflose Beschreibung für die Signale, die meine Rückenpartie in dieser Sekunde aussandte. Ich hörte Knochen knirschen, Bänder jaulen, selbst der Stahlring, der sich gerade erst formiert hatte, stimmte ein warnendes Sirren an. »Mach es nicht!« schrie der Chor aller Physio- und Psychotherapeuten, die ich je in meinem Leben konsultiert hatte. »Widersetz dich!« mahnten die Chakraexperten, die Bachblütler und die Feldenkraisler.

Vergeblich natürlich. Ein Mann ging seinen Weg, wenn auch schlurfenden Schrittes. Wie das Ritual es befahl, warf ich mich vor dem alten Wu nieder. Der Schmerz loderte bald darauf in Farben, die ich im Leben noch nie wahrgenommen hatte; bei den ersten drei Stirnschlägen erschien er mir satt blau, später wechselte er in ein feuriges Gelb, danach changierte er von einem beißenden Grün ins Pechschwarze. Ich versuchte, mich auf östliche Weisheiten zu besinnen, beschwor den biegsamen Bambus und das Wasser, welches den Stein erweichen soll. Irgendwann dachte ich sogar an den Papst, der jetzt gerade eine mir nicht bekannte Rollbahn küßte. Nichts half. Schließlich verfluchte ich alle Kulturen östlich des Suezkanals.

Wie Hohn klang mir Paulines Prophezeiung in den Ohren, »danach« würde ich mich besser fühlen. Nur in einem Punkt behielt sie recht: Ihrem Vater gefiel diese Veranstaltung. Hatte er bei den Pächtern noch nach dem zweiten Kniefall milde eingegriffen, so ließ er mich die Exerzitien bis zum bitteren Ende vollziehen. Erst als ich mich nicht mehr rühren konnte, strich er mit gespielter Begütigung seinen Krückstock über meine Schulter.

Aufheben mußten mich die Brüder. Die zwei kräftigsten waren es auch, die mich auf dem Heimweg stützten. Die beiden anderen sangen und tänzelten die ganze Strecke.

Parsifal

Manchmal schneite es, dann fiel wieder ein kalter Regen. Auf den grauen Bürgersteigen hatte sich jener wäßrige Matsch gebildet, der bei jedem Schritt ein kurz schnalzendes, sich selbst verschluckendes Geräusch erzeugt. Viele Menschen waren unterwegs, denn in München wurde in diesen Tagen der Fasching gefeiert.

Auf den ersten Blick konnte es so wirken, als gehöre auch mein Freund, der Chefdramaturg unserer Oper, Michael H., zu den Kostümierten. Immerhin wuchs aus seinem feucht-schwarzen Umhang eine weiße Halskrause, bei der ein Laie an den Stehkragen eines Biedermeierkostüms, vielleicht auch an die Andeutung einer nordelbischen Pastorentracht denken konnte. Sie verlieh dem Träger eine Haltung, auf die Erich von Stroheim stolz gewesen wäre.

Der zweite Blick könnte uns beide sogar für ein Paar halten, das mehrere Nächte durchzecht hatte. Zwischen berauschtem Torkeln und bewußter Rückenwinkelverstellung beim Gang auf unebenem Gelände weiß nur der Kundige zu unterscheiden. Natürlich gehörte unsere Form der Fortbewegung zur letzteren Kategorie.

Michael H. trug seine weiße Manschette – die im übrigen auch seine obere Brust- und Schulterpartie bedeckte – als Folge einer Episode, die er mir am Telefon als noch näher zu erläuternde »Burleske« angekündigt hatte.

Meine eigene Form der körperlichen Beschränktheit muß ich den Lesern nach allem, was ich bislang darüber berichtet habe, nicht weiter darlegen. Nachgetragen werden sollte allenfalls, daß zwischen einem Halswirbelgeschädigten und einem Lendenwirbelleider selten eine ersprießliche Männerfreundschaft zustande kommt. Den tief im Rücken Befallenen erscheint der Schmerz in den sieben Halswirbeln gern als das Ergebnis einer fast schon hysterisch zu nennenden Befindlichkeit. Frauen, verrät uns die Statistik, werden bevorzugt zum Opfer dieser besonderen Form des Körperschadens, während der Mann in seinem Leiden so recht nur aus der Verfassung der Lenden verstanden werden kann. Da Michael H. mir Monate zuvor aber schon über die positiven Folgen – und auch Gefahren – von intensivem Bauchmuskeltraining berichtet hatte, wußte ich, daß wir uns auch in dieser Hinsicht verstanden und somit praktisch gleichberechtigt miteinander verkehren konnten.

Mein Freund stand gerade im Begriff, die äußeren Umstände seiner »Burleske« zu erläutern, als wir das Schaufenster eines orthopädischen Fachgeschäftes passierten. Dem in München obwaltenden Heiterkeitsgebot jener Tage entsprechend waren auch die Artikel dieser Auslage mit einer närrischen Note versehen worden: Häufchen von grellbuntem Konfetti bedeckten die metallschwarzen Apparate für elektrische Nervenstimulationen, Luftschlangen kringelten sich über Rheumadecken und Thermoschlupfsäcken, an den pulverbeschichteten Armstützen der drei zu einer kleinen Gesprächsrunde gruppierten Rollstühle waren veilchenblaue Luftballons festgeschnürt, welche ein geheimnisvoller Luftstrom zum Tanzen brachte. Ergänzt man das Bild noch um zwei Pappnasen auf einer Steh- und Stützhilfe sowie den spitzen Hut und das Kostüm eines Harlekins auf dem »Dipper-Badelift«, so wird man vielleicht verstehen, warum mich mein Begleiter mit Schaudern und knöchernem Griff fortzog.

»Nimm mir mein Erbe, schließe die Wunde«, keuchte Michael H., und ich war mir für einen Moment unschlüssig, ob er tatsächlich von dem Schaufenster oder von seinen Bandscheiben, von der »Burleske«, womöglich sogar von der letzten, aus nicht näher bekanntgewordenen Gründen verschobenen Inszenierung an der Staatsoper redete.

»Allerbarmer, ach! Erbarmen!« antwortete ich vorsichtig. Die Schlußszene des *Parsifal* von Richard Wagner hatten wir im Musikunterricht auswendig lernen müssen.

Michael H. warf mir einen überraschten Blick zu, dann bat er mich, einem Taxi zu winken. Falls es meine Zeit gestatte, wolle er mir seine »Burleske« lieber daheim erzählen, am besten bei einem Glas Aloxe-Corton, den er in letzter Zeit als die einzig wirksame Therapieform zu schätzen gelernt habe. Ich stimmte freudig zu. Die weitläufige Wohnung des Dramaturgen, erinnerte ich mich, lag im Erdgeschoß.

»Es begann vor acht Wochen«, erzählte mein Freund, »ich muß hier keine Namen nennen, doch du weißt, wir probten damals den *Parsifal*, und der Regisseur hatte ein Konzept erarbeitet, das vorsah, die ganze Inszenierung unter das Thema ›Der Mann und seine Schwäche‹ zu stellen. Natürlich sollte auch der Gedanke der Erlösung eine Rolle spielen, ganz kommt man am Text ja nie vorbei, doch entscheidend war ihm, verstehst du, das Leitmotiv der Entmannung.«

Die Erfahrung hat mich gelehrt, immer gehorsam zu nikken, wenn mir ein Bühnenfachmann bei seinen Erläuterungen ein komplizenhaftes »verstehst du« abverlangt. Also nickte ich auch jetzt gehorsam und betrachtete bewundernd, wie mein Freund sein Glas zu den Lippen hob. Vor Jahren hatte mir einmal ein japanischer Ingenieur vorgeführt, wie Roboter einem Auto das Dach aufsetzen. Es war exakt derselbe Bewegungsvorgang gewesen. Und auch der Roboter hatte dabei leicht geschnauft.

»Die Wunde des Amfortas«, fuhr Michael H. fort, nachdem er das Glas präzise wieder zu dessen Ausgangsposition zurückbefördert hatte, »diese Wunde kann sich theoretisch an jeder Stelle des Körpers befinden, darüber gibt es keine eindeutigen Anweisungen in den entsprechenden Regiebüchern. Konventionelle Regisseure, besonders wenn sie in New York inszenieren, bevorzugen allerdings die Stelle, an der ein römischer Soldat mit seiner Lanze Christus in den Brustkorb bohrte. Für den Sänger hat das den Vorteil, daß er gleichzeitig die Wunde spielen und dabei Luft schöpfen kann. Doch in unserer Konzeption sollte sich die Verletzung an der Leiste zugetragen haben.«

Ich nickte noch einmal und fügte wie ein gelehriger Schüler hinzu: »Unter dem Gesichtspunkt der Entmannung, ich verstehe.«

Diesmal wollte der Dramaturg mich mit einem Nicken belohnen, aber die Halskrause belehrte ihn schnell eines Besseren. So blieb es bei einem erleichtert zustimmenden Blick.

»Unser Kostümbildner entwarf also ein Gewand, welches den, sagen wir: vorderen Lendenbereich mit einem braunrötlichen Blutpigment akzentuierte, wodurch visuell der Leidensbezug hergestellt wurde. Allerdings hatten wir etwas ganz Entscheidendes nicht bedacht ...«

Michael H. schien plötzlich in eine Verlegenheit geraten zu sein, er klopfte auf seine Rocktaschen, und ich reichte ihm eine Zigarette.

»Ein Fehler, der sonst nur Anfängern unterläuft«, sagte er, nachdem ich ihm ein brennendes Zündholz unter das hochgereckte Stäbchen gehalten hatte, »man hätte natürlich wissen müssen, daß Baritone stets noch einfallsloser sind als alle anderen Sänger, selbst als Tenöre. Wenn sie also einmal gelernt haben, daß man eine Wunde *spielen* muß, dann machen sie das auch, ganz gleich, wo sich diese Wunde befindet. Niemand, sein Agent eingeschlossen, hatte uns erzählt, daß unser Parsifal vor zwei Jahren an einem Bandscheibenvorfall operiert worden war; nun hatten wir ihm schon eine äußerst steile Bühne hingebaut, und statt sich – wie gewohnt – an die Brust oder die Seite zu greifen, beugte er sich bei jedem Einsatz tief hinab zu seinen Leisten. Was darauf passieren würde, hätten wir voraussehen müssen. Aber es kam alles noch viel schlimmer.«

Mir fiel auf, daß auch unser Rotwein mehr und mehr die Farbe des Blutes angenommen hatte, was mich auf einen symbolischen Zusammenhang zwischen Männerleiden, Farbmystik und Rauschzuständen brachte, den ich meinem Freund gerne vorgetragen hätte. Doch Michael H. schnippte ungeduldig mit den Fingern, es war ihm offenbar wichtig, so schnell wie möglich zum Höhepunkt seiner Geschichte zu kommen.

»Unser Parsifal, du kennst ihn ja, ist unter Kollegen als Ehrgeizling bekannt. Als Ehrgeizling und als Weiberheld. In seiner Jugend war er Landesmeister im Wildwasser-Kanufahren, einer, wenn du mich fragst, völlig überflüssigen Sportart, die ihm, neben manchen Ehrungen, ein breites Kreuz und Hände wie Schaufeln eintrug. Wahrscheinlich hat er in diesen Schluchten so laut gegrölt, daß er später nur noch für Wagnerpartien engagiert wurde.« Der Dramaturg ließ achtlos die Kippe seiner Zigarette in einen kleinen Eimer fallen, der erwartungsvoll neben dem Fuß seines Sessels stand. »Meine Schmerzen verleiten mich dazu, so unbarmherzig zu reden«, sagte er, doch es lag kein Ton von Bedauern in seiner Stimme, »du kennst die entscheidende Szene in der Oper: Klingsor wirft den Speer, und Parsifal weicht ihm nicht aus, sondern fängt die Waffe in der Luft, dabei spielen die Streicher …«

Meine Gedanken schweiften ab. Bei meinem letzten Bayreuthbesuch hatte der *Siegfried* zwanzig Minuten länger als üblich gedauert. Kennern der örtlichen Verhältnisse muß ich nicht mitteilen, daß die Bestuhlung im dortigen Festspielhaus auf die Körpermaße von Richard Wagner höchstselbst berechnet wurde. Hätte ich mich je neben den genialen Tondichter stellen dürfen, wäre ein Höhenunterschied von mindestens einer Elle, vulgo: dem Abstand zwischen meinen Brustwarzen und dem Haaransatz, ins Auge gefallen. Schon nach dem Ende des zweiten Aktes jener Vorstellung glich meine Körperhaltung der eines nicht sonderlich windschlüpfrigen Eis, das alle Hoffnung aufgegeben hat, je der Legebatterie zu entkommen. Fast alle männlichen Wagnerianer in Bayreuth, fiel mir damals auf, sind kleinwüchsig, weshalb ihre Frauen auch so imposant wirken. Vielleicht habe ich aber Ursache und Wirkung durcheinandergebracht, vielleicht sind sie durch häufigen Operngenuß auf engstem Sitzraum so klein geworden.

»Unser Parsifal«, unterbrach Michael H. meinen Gedankenausflug, »besteht bei jedem seiner Auftritte, egal, ob an der Met, in Paris oder in München, darauf, den Speer tatsächlich zu fangen. Dabei gibt es zahllose Möglichkeiten, diese Szene durch Beleuchtungstricks, Bühnenzauber, was weiß ich, überzeugend und doch nicht realistisch zu gestalten. So ein tatsächlicher Speerwurf kann ja immer einmal danebengehen, im glimpflichsten Fall wirkt das dann schlicht lächerlich, im schrecklichsten Fall müssen sündteure Versicherungen eingeschaltet werden. Aber unser Parsifal beharrte stur darauf, daß Klingsor ihm den Speer entgegenschleudere. Weil er eben so stolz auf seine Schaufelhände ist und auf das, was er seinen ›Bewegungsapparat‹ nennt. Man muß dazu noch wissen, daß unser Parsifal jenen Klingsor nicht ausstehen kann. Vielleicht sind sie zu häufig gemeinsam aufgetreten, Bühnenrollen haben sich ja schon häufiger auf das Privatleben übertragen. ›Wenn er den Speer überhaupt hochkriegt‹, sagte Parsifal bei dieser telefonischen Vorbesprechung, ›dann fange ich ihn auch, es sei denn, er wirft ihn ins Publikum.‹«

Und wie hatte Klingsor auf diese Herausforderung reagiert?

Michael H. seufzte, und ich bediente ihn sofort mit Wein und Tabak.

»Klingsor wurde ganz steif, als ich ihm von Parsifals Forderungen berichtete. Besser gesagt: er wurde aus Empörung noch steifer. Das Ultimatum von Parsifal erreichte mich am frühen Nachmittag, als Klingsor gerade mit den Chorsängern sein Sitzball-Training absolvierte, für den Abend hatten sie sich übrigens alle mit unserer Kundry zum Aquajogging verabredet, doch damit greife ich vor. Während des Sitzball-Trainings jedenfalls führte Klingsor der Runde eine Übung vor, die er ›Fünf Tibeter‹ nannte, dazu gehört offenbar eine Konzentrationsphase, und in diese geriet ich mit meiner verstörenden Meldung.«

Ich konnte mir immer noch nicht vorstellen, wie alle diese verwirrenden Details letztlich zu meines Freundes weißer Halsmanschette führen sollten, doch das angespannte Gesicht Michael H.s ließ mich von weiteren Zwischenfragen absehen. Da sich aber eine längere Erzählung abzeichnete, unterwarf ich vorsorglich meine Sitzmuskeln einem schnellen Programm von Kontraktion und Entspannung.

Bei jenem abendlichen Aquajogging, erfuhr ich, nachdem Michael H. mich auf eine formschöne Latex-Nackenstütze aufmerksam gemacht hatte, war ein Komplott geschmiedet worden. Kundry beschwor den immer noch empörten Klingsor, die Herausforderung einfach anzunehmen und ein paar Tage unter Anleitung des für die Kampfszenen verantwortlichen Ballettmeisters einen kräftigen Speerwurf zu üben. Kundry litt offenbar immer noch an einer vor einigen Jahren an der Scala für sie unglücklich verlaufenen Liebesaffäre mit Parsifal. Seither hatten die Spielpläne der internationalen Opernbühnen die beiden aber immer wieder zusammengeführt, dabei erfuhr Kundry regelmäßig die zusätzliche Kränkung, daß Parsifal in der großen Liebesszene – entgegen aller Regieabsprache – ihr kalt seinen Rücken zuwandte, ganz allein an die Rampe trat und dann seinen Ton noch so lange anhielt, bis ihr die Luft ausgegangen war.

»Hätten wir davon gewußt«, erregte sich Michael H., »hätte uns wenigstens der Ballettmeister davon erzählt, so wäre es nie zu diesem Unfug gekommen. Unser Klingsor ist, alles in allem, eher eine lyrische Begabung. Seine große Stärke sind empfindsame Lieder, am besten macht er sich an einem Flügel, getaucht in ein weiches Licht, das seiner rundlichen Figur schmeichelt. Ein in die Jahre gekommener Barockengel eben, der seine Flügel nur noch als liebliches Accessoire nutzt, so aber ...« Mein Freund bedeckte vorsichtig das fahle Gesicht mit seinen schlanken Händen.

»Er hatte sich also auch noch verliebt?« tastete ich mich weiter in seiner Geschichte vor.

»Klingsor war plötzlich besessen von Kundry *und* dem Speerwerfen. Er besorgte sich in einem Sportgeschäft einen Kummerbund aus Leder und in einem Videoladen Aufzeichnungen der letzten Olympischen Spiele. Den Wurfspieß beschaffte ihm der Ballettmeister aus unserem Fundus. Er wußte, daß ihm nur drei Tage blieben, bis Parsifal von den Osterfestspielen aus Salzburg eintraf.«

Von einem Kummerbund aus Leder hatte ich noch nie gehört. Seit meinem letzten Geburtstag besitze ich allerdings eine formgestrickte, anatomisch angepaßte Kreuzstützbandage für Herren. Eine Freundin hat sie mir geschenkt, nicht ohne darauf hinzuweisen, sie selbst trage ein ähnliches Modell, jedoch in Lindgrün und mit beidseitig zweifachem Hakenverschluß sowie höhen- und druckverstellbarer Pelotte. Ich neige ein wenig zur Prüderie, daher winkte ich hastig ab, als sie mir noch erklären wollte, wie leicht sich bei der Damenausführung der Zwickel aufknöpfen lasse. Aber ein Kummerbund aus Leder?

»Das Ding stabilisiert deine Lenden, du findest es drüben im Schrank«, sagte mein Freund, »ich habe alles aufgehoben, die Zweizugbandage zur Hemmung schmerzhafter Rotationsbewegungen, den individuell anpaßbaren Orthesen-Innenschuh zur Stabilisierung des Sprunggelenkes, die Aktiv-Ellenbogenbandage und vieles, vieles mehr. Ich würde dir die Teile gerne mitgeben, aber ich weiß nicht, ob ich sie nicht selber bald wieder benötige, die Aufführung ist ja nur verschoben.«

Schon auf der ersten gemeinsamen Probe war es zum Verhängnis gekommen. Amfortas hatte sich immer wieder dramatisch zu dem blutbefleckten Tuch zwischen seinen Oberschenkeln herabgebeugt, bis ihn ein heftiger Schmerzanfall in schrillem Glissando vom »cis« in eine Höhenlage hinauftrieb, die in der gesamten Repertoiregeschichte von Baritonen noch nie erreicht wurde. Die Requisite hatte glücklicherweise für diese Stelle der Oper aus dramaturgischen Gründen eine Trage bereitgestellt, weshalb die eilig herbeigerufenen Sanitäter das Opfer in kürzester Zeit hinter die Kulissen verbringen konnten. Da die medizinischen Hilfskräfte allerdings nicht sofort zwischen Kunst und Wirklichkeit zu unterscheiden wußten, galten ihre ersten Rettungsversuche jener blutgetränkten Stelle zwischen den Oberschenkeln, was zu weiteren schrecklichen Komplikationen führte, deren Einzelheiten mein Freund nur schemenhaft andeutete.

Der weitere Verlauf der Proben gestaltete sich nicht weniger verhängnisvoll: Als Klingsor auf die Bühne trat, trug er nicht einen Speer, sondern deren gleich fünf. Vielleicht hatte er sich vorher Mut angetrunken, jedenfalls wirkte sein Gang ein wenig uneben, und er feuerte, ohne auf den Einsatz des Orchesters zu warten, mit blitzenden Augen seine Waffen ab, als müsse er weniger einen mittelalterlichen Helden als den Einsatz einer Stalinorgel im Zweiten Weltkrieg verkörpern. Doch schon nach dem vierten Wurf deutete sich an, daß

Klingsor sein körperliches Leistungsvermögen überschätzt haben mußte, er griff sich in den Rücken, fiel auf die Knie und brach über seinem letzten Speer mit einem leichten Grunzlaut an genau jener Stelle zusammen, von der, wenige Minuten zuvor, König Amfortas unter Schmerzen entfernt worden war.

Aber auch Parsifal hatte sein Leid zu tragen. Die ersten beiden Speere griff er mit höhnischem Lächeln aus der Luft, so als handele es sich um Kirschen, die er im lässigen Sprung vom Baum zu pflücken habe. Bei der dritten Attacke offenbarte sein Gesicht jedoch schon eine Mischung aus Anstrengung und Gereiztheit. Die berühmten Schaufelhände schlossen und öffneten sich mehrmals in nervösen Gesten der Selbstversicherung. Den vierten Speer tänzelte Parsifal einfach aus. Nicht einmal die körperliche Pein seines Gegners schien ihm Befriedigung zu verschaffen.

In diesem Moment betrat Kundry die Bühne. »Nein«, sagte mein Freund, dessen Gesichtsfarbe wieder den vertraut rosigen Ton angenommen hatte, »›betrat‹ ist ein erbärmlich armes Wort für ihren Auftritt, sie stieg herab wie eine griechische Göttin der Rache und verlangte, entgegen allen Probenplänen, jetzt und auf der Stelle ihre Liebesszene mit Parsifal zu spielen.«

Und darauf hat sich der Dirigent eingelassen?

»Ohne Amfortas, ohne Klingsor blieben ihm ja nicht allzu viele Möglichkeiten. Zudem schien ihn zu reizen, daß sich Kundry in einem offensichtlichen Zustand der Erregung befand. Du kennst die Szene, in der sie ihn verführen will?«

»Er denkt an seine Mutter und wird dadurch gerettet«, antwortete ich, ganz erleichtert, daß es sich nicht um ein komplizierteres Problem der Opernliteratur handelte.

»Sie will ihn zum Kuß verführen«, bestätigte mein Freund, »dabei neigt sie sich weit nach hinten, gebogen wie ein Schilfblatt im Wind.«

»Und er muß ihr folgen!« Metaphern, in denen sich Schilfblätter im Wind wiegen, finde ich gemeinhin etwas überbenutzt, doch in diesem Fall leuchtete mir das Bild ein. Außerdem ahnte ich voraus, was nun kommen mußte, ich konnte es bereits in meinem eigenen Rücken fühlen. »Auch Parsifal«, rief ich, »also auch euer sportgestählter Parsifal wurde niedergestreckt von einem Anfall des Lendenwirbelsäulensyndroms bei vorgetäuschtem Liebesakt?«

Ich sah Michael H. an, daß er gerne zustimmend genickt hätte. Sein Wille war Applaus, doch sein Halsschmuck gestattete leider nur ein erleichtertes bis befriedigtes Wimpernspiel.

»Ich habe alle Beteiligten hierher, zu mir, gebeten, schließlich trug ich als Dramaturg ja auch einen Teil der Verantwortung. In meiner Einfalt schwebte mir ein mildes Versöhnungsgespräch vor. Für eventuelle Notfälle hatte mich ein befreundeter Apotheker mit orthopädischem Rüstzeug ausgestattet. Das Zeug, das im Schrank liegt. Alles umsonst, natürlich, sie führten sich hier auf, als sei meine Wohnung nur eine Probenbühne, auf der sie ihre Streitigkeiten fortsetzen könnten. Ich mußte ein Machtwort sprechen.«

Vieles traute ich meinem Freund zu, aber ein Machtwort? Es gibt Männer, die ständig ein Machtwort parat haben, doch die werden Regisseure und tragen einen Schal. Operndramaturgen, überlegte ich, werden groß durch ihre Selbstzweifel, deshalb sollten sie vielleicht alle mit einer Halsstütze ausgerüstet werden. Oder mit einem Kummerbund.

»Genau deswegen passierte es«, sagte Michael H., der

meine Gedanken gelesen hatte. »Ich wollte ihnen herrisch die Tür weisen, weil sie sich mittlerweile darüber einig geworden waren, daß allein mir die Schuld an ihren Leiden zuzuschreiben sei, und als ich empört meinen Arm hochschleuderte …«, er klopfte vorsichtig mit dem leeren Rotweinglas an seine Stützhilfe. »Immerhin war Klingsor so freundlich, den Notarzt zu verständigen.«

Auf der Straße vor dem Haus meines Freundes warf mir ein betrunkener Matrose zwei Luftschlangen an die Nase.

Die Schildkröte

Vermutlich hing es mit Lenas schwerer Schultasche zusammen, daß wir beim Mittagessen über Schildkröten sprachen. Heutzutage wird kleinen Kindern der Ernst des Lebens und die Schwere seiner Gestaltung weniger durch strenge Moralpredigten als durch das bleierne Gewicht ihrer Tornister vermittelt. Wenn meine Tochter morgens aufbricht, könnte man sie für ein entzückendes Urzeitreptil halten, dem ein verliebter Paläontologe eine rote Zipfelmütze mit grünem Bommel über den Kopf gezogen hat. Oder für eine Astronautin, die im algenfarbenen Ranzen ihre Sauerstoffversorgung für mehrere Mondspaziergänge mit sich führen muß. Allerdings bewegen sich Astronautinnen sehr viel leichtfüßiger. »Früh krümmt sich, was ein Nagel wird«, vertraute mir auf dem letzten Kindergeburtstag einer von Lenas Klassenkameraden an. Er hatte gerade einen Ballon zum Zerplatzen gebracht und blickte stolz auf den kleinen Metallstift zwischen seinen Fingern. Besser hätte es auch Heidegger nicht ausdrücken können.

»Der Panzer der Schildkröte«, sagte Lena, die ihren Biologielehrer so gut nachmachen kann, daß man glaubt, er säße mit zu Tisch, »das gilt für die Land- wie für die Meeresschildkröte, hat sich nicht etwa entwickelt, weil das Tier sich vor

Angreifern schützen mußte, ihr wißt eh, vor diesen natürlichen Feinden, die auch gefährlich im Meer herumschwimmen oder an Land auf Jagdbeute gehen. Der Panzer ist vielmehr eine Fortentwicklung ihrer Wirbelsäule.« Sie hob dabei die kleinen Hände und schloß sie zu einem festen Griff zusammen, als müsse sie über ihren langsam erkaltenden Nudeln eine imaginäre Pfeffermühle in Gang setzen.

»Lena, iß jetzt bitte«, sagte die Kindsmutter, die gemerkt hatte, daß meine berufliche Neugier uneinsichtig über die Erziehungsregeln zu triumphieren drohte. »Wenn die Nudeln kalt werden, schmecken sie dir noch weniger.«

Die Tochter formte ungerührt mit der Gabel einen kleinen Spaghettikegel. »Früher hatten sie nämlich noch keinen Panzer, aber dann brauchten sie für ihre Muskeln eine immer stärkere Wirbelsäule, sonst hätten sie nicht mehr schwimmen können und wären einfach abgesoffen, das ist doch logisch.«

Die wiederholte Erwähnung der Wirbelsäule fegte alle pädagogischen Erwägungen beiseite. »Warum hätten sie dann nicht mehr schwimmen können«, fragte ich ungeduldig, »außerdem: warum soll eine Landschildkröte überhaupt noch schwimmen können?«

»Ja logisch, wegen der Muskeln«, antwortete die Tochter überlegen, »jedes Lebewesen, hat der Lehrer gesagt, also jedes *höherentwickelte*, wird stark durch die Wirbelsäule *und* die Muskeln, das müßtest du doch am besten verstehen, du mit deinem krummen Gang.« So wissend blickt man nur mit elf Jahren dem eigenen Vater ins Gesicht.

»Die meisten Männer haben einen krummen Gang«, versuchte ich mich zu wehren, »manche, weil sie im Beruf sehr belastet werden, andere, weil sie ihre Töchter zu häufig huckepack getragen haben.« Sofort wurde mir bewußt, daß ich bisweilen mit besseren Antworten geglänzt hatte.

»Und die Frauen«, gab Lena zurück, »werden die etwa nicht belastet? Die Claudia Schiffer läuft überhaupt nicht krumm.«

Vielleicht hatte ich wirklich einen Fehler begangen, als ich damals meine Zustimmung gab, die Tochter in einer Kindergruppe unterzubringen, deren Erziehungsstil rollenüberdrüssige männliche Frauenrechtler geprägt hatten, für die an anderen Kinderhorten der österreichischen Hauptstadt keine Anstellung gefunden werden konnte. Andererseits schöpfte ich eine gewisse Hoffnung aus Lenas Bewunderung für die berühmte deutsche Probiermamsell. Kinder brauchen zur seelischen Stabilität dringend auch gegenläufige Vorbilder.

»Man wird jedenfalls stark durch die richtige Ernährung«, meldete sich jetzt die Mutter zu Wort. »Du bist keine Schildkröte, aber den Salat solltest du trotzdem essen. Vielleicht«, fügte sie an mich gewandt noch hinzu, »läßt du dir die biologischen Feinheiten heute abend erklären. Nach den allfälligen Hausaufgaben und nach der Jazzgymnastik. Wir sehen uns dann später.«

Lenas Mutter, überlegte ich auf dem Weg zu meinem Arbeitszimmer über der Garage, ist wirklich rührend bemüht, sämtliche der zahlreichen Anlagen unseres Kindes zu fördern. In ein paar Jahren wird mir eine Tochter entgegentreten, die beim Sprung auf den Schwebebalken eine Ode von Horaz vorträgt. Beim Doppelsalto zum Abgang erläutert sie dann dem Publikum die Geheimnisse der Photosynthese oder der Assimilation von Kohlensäure. Nein, Angst flößt mir diese Vorstellung nicht ein, das Kind wird ja zu nichts gezwungen.

Nur wächst mein Bedauern, ihr beim Turnen auf dem Schwebebalken keine Hilfestellung mehr leisten zu können. Und die Furcht, dafür als alter Sack zu gelten. Jazzgymnastik kenne ich nur aus dem Fernsehen. Sobald die einschlägigen Szenen dort auftauchen, drücke ich hastig auf den Knopf zu einem anderen Kanal, vorgeblich, weil ich die halbgefrorenen Gesichter der Heiterkeit und die schrillen Farben der Trikots nicht ertrage. Dabei bekümmert mich natürlich nur der Kontrast zwischen meinen eigenen, so heimlichen wie kläglichen Kniebeugen neben dem Schreibtisch und den vorwurfsvoll gelenkigen Beinschwüngen auf dem Bildschirm.

Zum Trost verfolge ich in der Presse die Berichte über Sportinvalidität. In meiner Schreibtischschublade liegt ein dickes Bündel ausgeschnittener Artikel, die sorgfältig nach Anlaß und Art des Befalls sortiert sind. Nach größeren Tennisturnieren, Turnmeisterschaften oder Skiwettkämpfen bin ich oft Tage damit beschäftigt, meine Sammlung zu ergänzen. Da die Sportindustrie immer neue Möglichkeiten erschließt, Bänder zu überdehnen, Wirbel zu stauchen und Muskeln reißen zu lassen, wächst mein Archiv in die unterschiedlichsten Richtungen. Leider habe ich noch keine verwandte Seele gefunden, die meine heimliche Leidenschaft teilt. Vielleicht werde ich doch eine Kontaktanzeige aufgeben müssen.

»Also mit den Schildkröten verhält sich das so«, sagte Lena, die plötzlich neben meinem Schreibtisch stand. »Sie werden in der Geschichte immer größer und immer schwerer. Aber schwimmen taten sie ursprünglich mit ihrer Wirbelsäule. Nicht mit ihren Armen und Beinen wie wir, eher so wie die Fische, du weißt eh. Und weil sie so übergewichtig wurden, mußte der Rücken auch stärker werden. Dann ist er eines Tages verkrustet, und die Schildkröte hatte plötzlich einen Panzer. Die ganze Wirbelsäule wurde zu einer runden, harten Platte. Jetzt kann das Tier nicht mehr schwimmen, sondern nur noch paddeln, kein Mensch weiß, wie das noch weitergehen soll, nicht einmal unser Herr Lehrer. Man muß dringend etwas unternehmen, wenn es nicht schon zu spät ist.«

Da Lena in Wien geboren wurde, teilt sie den Hang zum Apokalyptischen, der die Bewohner dieser Stadt auszeichnet. Deshalb beruhigte es sie überhaupt nicht, als ich ihr vorsichtig die umfangreichen Zeitperioden in der Evolution klarzumachen versuchte.

»Das kann über Nacht passieren, daß sie alle absaufen wegen ihrem dicken Rückenpanzer«, rief sie. »Stell dir das einmal vor, eine ganze Art ist über Nacht einfach futsch!«

An diesem Abend erzählte ich der Tochter zum Einschlafen eine Geschichte, in der ausschließlich Elfen und Löwenmäulchen vorkamen, also zwei heitere, meines Wissens von keiner Gefahr des plötzlichen Aussterbens bedrohte Gattungen. Doch sobald ich sie geküßt, die Bettdecke glattgezogen, das Licht gelöscht hatte, mußte ich wieder an Schildkröten und deren verkrustete Rückenpanzer denken.

»Glaubst du, daß die Natur Metaphern schreibt?« fragte ich meine Lebensgefährtin, die ihr zweites Studium mit einer Doktorarbeit über die Artenverbreitung von Kleinschmetterlingen abgeschlossen hatte und sich daher in der Materie auskennen mußte. »Kann es sein, daß die Natur droht?«

Die Lebensgefährtin blickte von ihrem Buch auf. Es handelte sich offenbar um einen packenden Stoff, und viel Zeit zum Lesen hat seit einigen Jahren keiner von uns beiden mehr.

Vermutlich fiel ihre Gegenfrage deshalb so unwirsch aus: »Fühlst du dich jetzt betroffen oder willst du nur ein Kreuzworträtsel lösen?«

Das Wort »betroffen« gehört genauso wie das Wort »kafkaesk« auf die Liste der Ausdrücke, die nie zu benutzen wir uns gleich beim Frühstück nach der ersten gemeinsamen Nacht geschworen hatten. Seltsamerweise fühlte ich mich in diesem Moment sowohl betroffen als auch kafkaesk, deshalb erinnerte ich sie auch nicht an unseren Schwur.

»Es geht um die Schildkröten«, sagte ich zögerlich, »genauer, es geht um ihren Rückenpanzer. Nach allem, was Lena mir erzählt hat, werde ich die Vorstellung nicht los, daß mir diese Reptilien eine Botschaft zukommen lassen wollen. Nichts Klares, Eindeutiges, nur so eine Ahnung. Wahrscheinlich ist es das Bild vom Rücken als Panzer ...«

»Schildkröten sind bekanntlich auch auf ihrer Vorderseite gepanzert«, wurde ich unterbrochen, »egal, ob es sich um die Unterordnung der Hals*berger* oder der Hals*wender* handelt.«

Die Bezeichnungen rührten mich auf rätselhafte Weise an, und ich bat um nähere Erläuterungen.

»Man differenziert nach der Art, wie die Tiere ihren Kopf in Sicherheit bringen. Die einen ziehen ihn senkrecht ein, die anderen legen ihn zur Seite.«

Ich spürte eine immer engere Beziehung zu dem Reptil. Es hatte offenbar bereits in Urzeiten gelernt, das Wichtige vom Unwichtigen zu unterscheiden. Nie wieder würde ich eine Schildkröte gleichgültig anschauen.

»Und weiß man etwas über ihr geschlechtsspezifisches Verhalten?«

»Die körperliche Arbeit wird natürlich von den Frauen

erledigt«, antwortete die Lebensgefährtin kühl, »ich sollte sagen: von den Weibchen. Sie schaufeln den Sand über die frischgelegten Eier. Die erschöpften Männchen halten sich währenddessen in der Nähe auf und warten ab. Meintest du das, als du gerade nach der Möglichkeit einer Metapher fragtest?« Sie griff nach dem Stift und markierte einen Absatz in ihrem Buch.

Es gibt Fragen, deren philosophische, deren lebenswirksame Tragweite durch die Präzision einer Detailauskunft ins Lächerliche gezogen werden kann. Zugegeben, bei unserem letzten Ferienaufenthalt auf Sylt hatte ich mich geweigert, für Lena eine Sandburg zu bauen. Nicht nur, weil ich Sandburgen für spießig halte, sondern getreu auch den Anweisungen meines Orthopäden, der mir jegliche Hub-, Schub- und Wurfarbeit mit dem Spaten streng untersagt hat. Lena aber bestand auf einer Festung, die Mutter schaufelte sie ihr, und schließlich zog auch ich ein.

Zielte diese Anspielung auf eine flüchtige Sommerepisode, oder sollte sie mir Anregung sein, in tieferes Grübeln zu verfallen?

»Es könnte doch sein«, fuhr ich fort, ohne mich von dem Buch abschrecken zu lassen, in das die Lebensgefährtin sich wieder vertieft hatte, »es bestünde doch theoretisch zumindest die Möglichkeit, daß uns die Natur in der Entwicklung der einen Spezies etwas vorführt, was einer anderen Spezies als Warnung dienen soll. Wenn mich meine Kreuzschmerzen befallen, denke ich ständig an einen Panzer. Ich fühle mich als bedrohtes Schalentier. Meine Rückenmuskeln versteifen sich zu Knorpeln oder zu Knochenplatten. Ich erlebe also in wenigen Minuten die gesamte Evolutionsgeschichte der Schildkröte. Und wenn ich an meine Bewegungen denke, wäre das Bild ›paddeln‹ genausowenig falsch wie das Bild ›kriechen‹. Der aufrechte Gang ist, wie Lena sagen würde, futsch. Wahrscheinlich ziehe ich auch sofort meinen Kopf ein, ich meine als Geste, waagerecht oder senkrecht, je nach körperlichem Befund. Denn die Momente des Schmerzes sind ja gleichzeitig auch die Sekunden der höchsten Empfindsamkeit.«

»Den aufrechten Gang haben deine Vorfahren in der afrikanischen Savanne erworben, wo jedes Tier mindestens doppelt so schnell laufen konnte«, erwiderte die Lebensgefährtin, ohne von ihrem Buch aufzublicken, das übrigens von Hexenkulten im Mittelalter handelte, »und Empfindsamkeit, so viel wissen wir schon seit der Romantik, sollte man keinesfalls wortflink mit Wehleidigkeit gleichsetzen.«

Spätestens jetzt hätte ich merken müssen, daß dieses nicht der Abend war, an dem sich die kühnen Entwürfe meiner Phantasie mit bereits sorgfältig redigierten Texten über Volkskunde messen konnten. Doch die einmal erfaßte Vision ließ mich alle Spielregeln übersehen, die das glückliche Zusammenleben einer konzentrierten Leserin mit ihrem zu wilden Wortkaskaden neigenden Mann beherrschen müssen.

»Und wenn nun die Schildkröten recht haben«, rief ich hitzig, »schließlich existieren die schon länger als die Kerle, die du meine Vorfahren nennst. Es kann doch genausogut möglich sein, daß *die* einen Fehler gemacht haben, als sie sich auf den aufrechten Gang einließen. Vielleicht ist das ganze Gerede über den sogenannten aufrechten Gang überhaupt nur das höhnische Echo auf eine anatomische Fiktion der Natur. Wenn heutzutage achtzig Prozent aller Männer nur noch gekrümmt gehen können, hat sich die Natur eben schlicht einen

Fehler geleistet. Je eher wir uns dazu bekennen, desto besser für alle Beteiligten.«

Die Lebensgefährtin schloß ihr Buch. »Ich möchte das Kapitel noch zu Ende lesen«, sagte sie, »deine Zäpfchen findest du im Medizinkasten, schau noch einmal bei mir vorbei, bevor du dich schlafen legst.«

In dieser Nacht träumte ich von leise singenden Weichteilen, über denen sich ein glitzernder Panzer sanft öffnete und wieder schloß.

Die Kleintierhandlung am Wallensteinplatz im 20. Bezirk wird von der Firma Havliczek & Bissinger betrieben. Beide Inhaber waren entzückt darüber, daß ich für den Geburtstag der Tochter eine kleine Landschildkröte erwarb. »Äußerst günstig im Unterhalt und doch sehr treu«, bemerkte Bissinger glücklich, als er das Tier aus dem Käfig hob. »Sehr belastbar, dabei häufig in Bewegung«, ergänzte Havliczek, der die Rechnung ausstellte. »Ihre Tochter wird sich freuen.«

Bückware

Ich gestehe, es machte mich stutzig, daß die hübsche blonde Staatsanwältin plötzlich den Namen Honecker erwähnte, als sie meine Erzählung unterbrach. Wir saßen auf zwei Umzugskartons in ihrer fast schon vollständig eingepackten Wohnung in Charlottenburg, warteten auf die Spediteure, und ich erzählte aus der Kulturgeschichte des Kummerbunds. Ich habe diese Geschichte schon häufiger erzählt, allerdings nie einer Staatsanwältin. Manchmal werde ich ausführlicher, dann brauche ich bis zur Pointe etwa zehn Minuten, es geht aber auch kürzer. Diesmal hatte ich mich für die kürzere Variante entschieden. Die Transportfirma aus dem Wedding hatte das Erscheinen ihrer »hochqualifizierten Removalpartner« für 18 Uhr angekündigt, jetzt war es bereits lange nach acht. Gleichzeitig rechneten gute Freunde fest mit meinem Erscheinen auf einem Geburtstagsfest, für welches der greise Jubilar sich von seinen Gästen eine »große Garderobe«, von mir zusätzlich eine »launige Damenrede« erbeten hatte. Damit stand das Thema »Kummerbund« praktisch im leeren Raum.

Der Karton, der mir in der nackten kleinen Diele als Behelfssitz diente, ging unter meinem Gewicht leicht seufzend in die Breite, als ich auf bengalische Dialekte kam. Das Wort

»Kummerbund« stammt natürlich aus dem Bengalischen und läßt sich besonders ausdrucksvoll mit einem Halleffekt aussprechen, wie er, zum Beispiel, in einer weitgehend ausgeräumten Wohnung mit Berliner Zimmer erzielt werden kann. Dabei ist der Begriff in seine Bestandteile »Kummer« (sprich: *kömmer*) und »Bund« (sprich: *bönd*) aufzuteilen. »Jeder Kenner des Bengalischen weiß«, sagte ich angeberisch, »daß ein *bönd* für eine Art Abschirmung steht, *kömmer* dagegen der Ausdruck ist, den die dortige Medizin für die Cholera bereithielt. Im 19. Jahrhundert band man sich in den entsprechenden Gegenden östlich von Suez eine Schärpe um den Bauch, damit der tödliche Krankheitserreger nicht durch den Nabel in den Leib eindringen konnte.«

»Du hast mir einmal von einem Kummerbund erzählt, den du wegen deines Rückenleidens trägst«, sagte die Staatsanwältin und legte angewidert ihr mobiles Telefon beiseite, das keine Verbindung zum Wedding herstellen konnte, »handelt es sich dabei auch um einen Volksglauben, oder schützt dich dieses Teil nur vor tätiger Hilfe bei Umzugsarbeiten?«

»Du redest jetzt von meiner anatomisch angepaßten Kreuzstützbandage«, erwiderte ich, »keine Ahnung, ob sie mir körperlichen Schutz angedeihen läßt, aber sie erinnert mich ständig an meine Befindlichkeit. Vielleicht liegt darin ihre Wirkkraft.«

»Und warum die Farbe? Warum dieses grell schreiende Rot?« Die Staatsanwältin deutete auf meinen Bauch. Etwa in Nabelhöhe war ein Hemdknopf aufgesprungen, dadurch kam ein Streifen des darunterliegenden Textils zum Vorschein.

Hastig brachte ich mein Gewand wieder in Ordnung. »Die Farbe Rot steht in einer besonderen Beziehung zum Fieber.

Daher auch unsere Nuancierung ›Scharlachrot‹. In der traditionellen chinesischen Heilkunde riet der Arzt …«

Genau an dieser Stelle unterbrach mich die Staatsanwältin. Sie trat gegen eines der aufgefalteten Pappwerke, in denen ich zuvor mit einigem Schaudern schwere, rückenstarke Folianten ausgemacht hatte, und rief: »Dieser Honecker!«

Zuerst glaubte ich, mich verhört zu haben. Nina war zwar für ein paar Jahre an eine Berliner Behörde versetzt worden, die sich vornehmlich mit Regierungskriminalität in der ehemaligen DDR befaßte, doch diese Tätigkeit hatte sie nicht so verfolgungswütig gemacht, daß sie reflexhaft die Farbe Rot mit früheren Staatsratsvorsitzenden oder anderen Würdenträgern in Verbindung brachte. Deshalb nahm ich zunächst an, sie meinte den Besitzer jener säumigen Umzugsfirma in Wedding, dessen Name ähnlich ausgesprochen wurde.

»Der chinesische Arzt riet ursprünglich, die Fenster des fieberkranken Patienten mit rotem Papier zu bekleben, das war vernünftig, weil bestimmte Lichtstrahlen abgefiltert wurden, später …«

Wiederum ließ Nina mich nicht ausreden. »Vielleicht sollten wir ein paar der Kartons schon stapeln«, schlug sie vor, »das würde die Sache beschleunigen.«

Ich hätte keine der Schachteln angerührt, nicht einmal, wenn ich unter dem Kummerbund auch noch thermoschützende Angorafelle getragen hätte. Die Behälter wirkten samt und sonders wie dürftige Umkleidungen von juristischen Fachbüchern, bekanntlich der rückenfeindlichsten Form der Literatur. Keine Versicherung der Welt hätte mich für den Schaden an meinen Bandscheiben entschädigt.

»Wie kamst du gerade auf Honecker«, fragte ich zur Ablenkung.

Nina antwortete nicht, sondern tippte wieder eine Nummernfolge in ihr mobiles Fernsprechgerät. Diesmal kam es offenbar zu einer Verbindung. Sie erhob sich und redete erregt in die schwarze Muschel. Dabei lief sie mit kleinen Schritten durch die Wohnung, als müsse sie vor jedem Satz einen neuen Anlauf nehmen. Als sie aus der Küche zurückkam, holte sie mit ihrem rechten Unterschenkel weit aus, um erneut den harten Absatz ihrer Gucci-Sandale gegen eine Pappwand donnern zu lassen. »Du hast mich nach Honecker gefragt«, rief sie, nachdem sie sich ein wenig dramatisch wieder auf ihrem Karton niedergelassen hatte. »Nun, diese Firma, die ich beauftragt habe, hat seinerzeit Wandlitz ausgeräumt, daher kenne ich ihre Adresse. Damals brauchten sie dazu knappe zwei Tage. Knappe zwei Tage für eine komplette Regierungssiedlung mit all ihren Schuhschränken, den Nippes und den Geweihen! Und jetzt, wo es nur um meine kleine Wohnung geht, erzählt mir der Manager aus Wedding, die Hälfte seiner Mannschaft sei ausgefallen und befinde sich seit Wochen mit gravierenden Lendenwirbelproblemen im Krankenstand.«

»Wahrscheinlich haben sie bei ihrem Einsatz in Wandlitz keinen schützenden Kummerbund getragen«, versuchte ich sie zu beruhigen. »Vielleicht greift der Kreuzschmerz tatsächlich durch den Bauchnabel an. Man könnte sich ja auch vorstellen, daß es einen spezifischen Ost- genauso wie einen spezifischen Westschmerz gibt. Gut möglich, daß Ideologie im Spiel ist. Hatte Honecker Probleme mit seinem Rücken? Trug er während der Verhandlung etwa auch eine anatomisch angepaßte Kreuzstützbandage?«

Manchmal fürchte ich Ninas Lachen, weil es Gäste aus ihrer Stammkneipe treiben kann, diesmal beruhigte es mich, denn meine Freundin schien die Phase des hilflosen Kistentretens überwunden zu haben. »Keine Spur«, sagte sie, »wenn Erich wankte, dann nur wegen der belebenden Getränke, die ihn stabilisieren sollten. Warum fragst du?«

»Der Rücken ist das wahre Gesicht des Mannes«, antwortete ich vorsichtig, »denk an Kennedy in seinem Schaukelstuhl, denk an Mao, als er aus dem Fluß stieg, denk an unseren Helmut Kohl *vor* seinem österlichen Fasten. Wenn Honecker keine Rückenprobleme kannte, stimmt mich das nachdenklich. Die ehemalige DDR war ja schlecht gefedert. Kopfsteinpflaster und Schlaglöcher bestimmten das äußere und – wenn ich es einmal bildhaft sagen darf – auch das innere Erscheinungsbild. Begehrte Produkte liefen unter dem Begriff ›Bückware‹. Der aufrechte Gang wurde nur toleriert, wenn sich die Beine dazu im Stechschritt bewegten. Natürlich gab es Rückenprobleme bis hin zum Bandscheibenvorfall. Aber die Behandlung der Erkrankung war von einer so spartanischen Natur, daß die Therapie praktisch leidabschreckend wirkte. Ich erinnere an das ›Perlsche Gerät‹, jenes Brett, auf dem der Patient gedehnt wurde wie die Opfer der spanischen Inquisition. Ich erinnere an jene völlig zu Unrecht ›Lichtkästen‹ genannten Holztunnel, in denen die Patienten der Hitze von unstetig flackernden Glühbirnen ausgesetzt waren. Ich erinnere schließlich an die grauenvolle Diagnosepraxis der ›Luftmyelographie‹, bei der lange Nadeln die Wirbelsäule mit Luft aufpumpten, um im Röntgenbild schadhafte Schatten zu markieren. Und da ich gerade bei diesem Thema bin …«

Vermutlich müssen einem Staatsanwälte immer ins Wort

fallen: »Hat das jetzt eigentlich noch etwas mit meinem Umzug zu tun?«

Ein Blick auf die Armbanduhr machte mir deutlich, daß ich mich bereits in der Phase nach der versprochenen Damenrede befand.

»Es gab im Westen also tatsächlich andere Verschleißerscheinungen als im Osten«, fuhr ich eilig fort, ohne den Einwand zu beachten. »Besser gesagt: Die Menschen hatten dort drüben sicher genauso Verschleiß wie wir, doch aus ganz verschiedenen Ursachen. Ihr Druck war nicht unser Druck. Deshalb können sie jetzt, nach der Vereinigung, auch nicht den entsprechenden Gegendruck entwickeln. Sie lassen den Rükken in einer Art Hängepartie, weil sie nichts anderes gewöhnt sind. Trägheit ist als Therapie bisweilen genauso wirksam wie Bewegung.« Begeistert entzündete ich eine Zigarette und warf das Streichholz auf die Steinfliesen.

Nina kramte nach einem Aschenbecher. »Die Arbeiter, die ich für heute abend bestellt habe«, sagte sie gelassen, »kommen – oder kommen nicht – aus dem Wedding. Der galt zwar früher als rot, doch der liegt eindeutig im Westen.«

»Vielleicht haben sich die deutsch-deutschen Schmerzbilder bereits miteinander vereinigt«, überlegte ich, »zuerst eine heimliche Annäherung, dann wuchs zusammen, was zu einer blühenden Landschaft werden sollte. Wenn du meine Theorie dazu hören willst …«

»Nein«, sagte die Staatsanwältin, und ich behielt die Theorie für mich.

Wenig später klingelte es endlich an der Tür.

Dreiundzwanzigster Wirbel

Der Verführer

»Ich höre mit großem Interesse, daß Sie die Existenz der Wirbel in Abrede stellen«, sagte der gutgekleidete Fremde, »das interessiert mich beruflich, gestatten Sie, daß ich kurz Platz nehme.« Bevor wir noch antworten konnten, ließ er sich neben Thekla auf der Bank nieder. Dabei warf er schwungvoll die Schöße seines Fracks zur Seite und tippte an seinen Zylinder, ohne ihn allerdings abzusetzen. Thekla, die höflich, aber stets auch ein wenig geruchsempfindlich ist, rückte elegant eine Handbreit näher an das leicht geöffnete Fenster.

»Ich habe nichts dergleichen in Abrede gestellt«, sagte ich, »es wäre ja auch töricht, ein Ding oder eine Erscheinung zu leugnen, nur weil sich die Form kreisartig oder spiralig zeigt. Genausogut könnte ich die Existenz der Garmischer Volkstanzgruppe bezweifeln, die hier gerade aufgetreten ist. Nein, ich behaupte nur, daß die traditionelle Medizin recht hatte, als sie zwischen ›wahren‹ und ›falschen‹ Wirbeln unterschied. Zu den ›wahren‹ Wirbeln zählten früher Hals- und Rückenwirbel, zu den ›falschen‹ die Bauchwirbel. Über Lendenwirbel lasse ich selbstverständlich mit mir reden. Überflüssig sind nur die Schwanz- und Endwirbel.«

Thekla hielt sich die Ohren zu. »Können wir bitte das Thema wechseln. Dieses ständige Gerede über den Rücken ist einfach fad. Kein Gesprächsstoff ödet uns so an wie das Klagen der Männer über ihre Wirbel.«

Der Fremde strich kurz, jedoch, wie mir schien, fast liebevoll über seine seidig glänzenden Rockschöße. »Wenn Sie ›uns‹ sagen, gnädige Frau, dann reden Sie gewiß von Ihrem eigenen, dem schönen Geschlecht«, antwortete er mit einer tiefen, leicht brüchigen Stimme. Dabei stieg der Blick seiner pechschwarzen Augen von Theklas kleinem Ausschnitt langsam die Halslinie hoch bis zu den kurzen blonden Locken über ihrem rechten Ohr. Ich wandte mich ab, als ich bemerken mußte, daß Thekla leicht errötete. Eigentlich sollte ihre Frauengruppe sie gegen derartige Reaktionen gewappnet haben.

Immerhin setzte Thekla fast sofort zu einem Gegenangriff an: »Sind Sie hier eigentlich der lokale Impresario«, fragte sie schnell, »ich meine: Tragen Sie Ihren Zylinder, weil Sie dem hiesigen Publikum gleich die ›Zillertaler Bocksschwestern‹ vorstellen müssen? Wir sind nur aus Zufall hierhergeraten, beim Bergwandern, wir hatten keine Ahnung, daß in diesem Gasthaus schon am frühen Nachmittag gekreischt, gejodelt und mit den Rocksäumen gekreist wird.«

Die schwarzen Augen des Fremden lösten sich nicht von den Locken meiner Freundin. »Vielleicht war wirklich der Haarwuchs der Auslöser«, sagte er nachdenklich, »ein sehr alter Freund von mir, er kam übrigens später bei einer dummen Eifersuchtsgeschichte mit drei betrunkenen Goten ums Leben, redete immer von *hwerban*, womit er das Torkeln im Kreis meinte. Der Einfall muß ihm beim Anblick von Locken gekommen sein.« Versonnen rührte der Fremde in dem kleinen Kaffeetäßchen, das ihm die Bedienerin gebracht hatte.

Auch sie schien einen strengen Geruch bemerkt zu haben, jedenfalls griff sie schnell nach ihrer kleinen Nase, bevor sie sich entfernte. Auf der Bühne bezog eine weitere Volkstanzgruppe ihre Grundposition.

»Wie es wogt und Wirbel zieht«, zitierte unser ungebetener Tischnachbar, der immer noch den Löffel in der Tasse bewegte.

»Grause Tiefen unter sich«, mischte ich mich ein, zur Not kann ich die deutschen Klassiker auch selber noch zitieren. Der Fremde ging mir auf die Nerven, aber mehr noch schmerzten mich die Füße. Mein Orthopäde hatte mich zwar darauf hingewiesen, daß für den empfindlichen Rücken der Abstieg selbst mit dem sensibelsten Schuhwerk sehr viel belastender ist als der Aufstieg, doch Thekla bestand auf der, wie sie es ausdrückte, »tollen Erfahrung von sich zunehmend reckenden Gipfeln«.

»Mit Verlaub, Sie haben gerade die Aussagen der beiden Dichterfürsten miteinander vermischt«, sagte der Fremde und langte flink an die anmutig gebogene Krempe seines Zylinders, als müsse er den Meistern seinen Respekt erweisen. »Es handelt sich um zwei völlig verschiedene Gedichte. Dabei reden beide über das Phänomen der Wirbel. Allerdings: Goethe ging es um das Rückgrat. Schiller dagegen um die Locke auf dem Scheitel. Der eine argumentierte mit der anschaulichen Form, der andere mit der geistigen Haltung. Keiner, der den beiden ein wenig näherstand, würde das je verwechseln.«

Gern hätte ich jetzt etwas Bitteres, etwas Erhitztes gesagt. Daß ich überrascht sei, von einem zylinderbedachten Zeitzeugen sowohl der Goten als auch der deutschen Klassiker in meiner sehr privaten Ruhephase nach extremer Rückenbelastung gestört worden zu sein. Oder daß jeder Proseminarist nachlesen könne, auf welchen Ursprung das deutsche Wort ›Wirbel‹ seit seiner indogermanischen Zeugung zurückzuführen sei und welche verwirrenden Kreuzverläufe es mittlerweile genommen habe. »Ich war es, der die sinnvolle Existenz der sogenannten Schwanz- und Endwirbel in Abrede stellte«, wollte ich rufen, »und zwar aus folgenden Gründen ...« Doch just zu diesem Zeitpunkt durchkreuzten zwei völlig unterschiedliche Wahrnehmungen meine Pläne: einmal der Anblick von Thekla, die den Fremden mit einem Ausdruck verstörter Hingabe bedachte, und zum anderen der heftige Einsatz von aus verborgenen Lautsprechern dröhnender Blasmusik, gegen die selbst der Teufel sein Recht verloren hatte.

Ich benutze den Ausdruck »verstörte Hingabe« mit großer Vorsicht, denn was genau in Thekla vorging, hat sie mir nie erzählt. Es muß aber eindeutig mehr gewesen sein als die später von ihr bekundete »flüchtige Neugier«. Andererseits neigt Thekla nicht zum Herumtändeln. Männer, die ihr wegen ihrer Haartracht Komplimente machen, behandelt sie genauso spröde wie jene, deren Rasierwasser sie anekelt. Ihre normale Reaktion auf Männer, welche altmodische Zylinder tragen, kenne ich nicht, weil ich zu selten Zeuge von derlei Begegnungen war. Dafür habe ich mehrfach erlebt, daß sie redegewandte Herren, die ihre Aussagen mit Gedichtzitaten garnierten, verächtlich als »schlaffe Bildungsheinis« abqualifizierte.

Um so rätselhafter erschien mir ihre Faszination durch den Fremden. Sie hatte ihr Ohr ganz nahe an seinen Mund gebracht, und als die Musik plötzlich leiser wurde, hörte ich, daß über den Rücken geredet wurde. »Er muß selbstverständlich gekrümmt sein«, dozierte der Gast, »der ›rucki‹ im Althochdeutschen, der schwedische ›rygg‹, das lettische ›kruknet‹, sie alle bezeichnen die Haltung des Kauerns, besser noch des Gebogenen.«

»Sie meinen demnach, die Bewegung der Schlange entspricht noch am ehesten den Geboten der physiologischen Vernunft?«

Auch diese Frage machte mich stutzig. Wie schon gesagt, haßte Thekla Gespräche, die im weitesten Sinne den Bereich der Medizin berühren. Sie selbst klagte nie über ein Gebrechen, vermutlich kannte sie keins, doch wie oft hat sie mich mit einer brüsken Bemerkung unterbrochen, wenn ich nur ein unschuldiges Wort wie »Bewegungslehre« fallenließ! Den Rücken hätte ich mich gar nicht zu erwähnen getraut. Ihr Lieblingssatz stammte aus einem Brief des römischen Philosophen Seneca an Lucilius und lautete sinngemäß: »Wer seines Körpers Sklave ist, wird vieler Herren Sklave sein.« Ob Seneca mit diesem Satz meinte, man müsse vom Körper unabhängig werden, oder nur, man solle ihn ignorieren, habe ich nie herausgefunden. Thekla jedenfalls plädierte für das strikte Ignorieren, was sich in so spöttischen Aussprüchen niederschlug wie: »Der Körper ist nur zum Benutzen erschaffen worden.«

Bevor die Musik wieder einsetzte, hörte ich noch die dunkle Stimme des Fremden, der inzwischen drei schlanke Finger auf Theklas rechte Hand gelegt hatte. »Sie werden überrascht sein, welches Glück darin liegen kann, sich einmal so recht wirbelsinnig zu fühlen, gnädige Frau.« Darauf hatte Thekla scheu gelächelt.

Die Männer der tanzenden Trachtengruppe trugen Lederhosen, die ihnen von der Hüfte bis zu den Knien reichten, keine schmiegsamen Beinkleider, in die man schlüpft, eher robuste Geräte, in welche der Besitzer steigt. Der Beweglichkeit der Tänzer schien diese starre Form jedoch nichts anhaben zu können, die Burschen warfen ihre Fersen bis weit über die Lenden, streckten, drehten und bogen Unter- und Oberschenkel, ließen ausgelassen den Rumpf kreisen, schwenkten übermütig und unter Hervorbringung dumpfer Brunftschreie ihre federgeschmückten Hüte, kurz, sie führten sich auf, als verkörperten sie eine wilde Allegorie der männlichen Beweglichkeit vor der Erfindung des Lendenwirbelsäulensyndroms.

Angewidert wandte ich mich ab. Diese rohe Zurschaustellung animalischer Geschmeidigkeit verbitterte mich genauso wie das Geturtel, das Thekla mit jenem eindeutig nach einer Schwefelverbindung riechenden Fremden veranstaltete. Die beiden hatten die Darbietung mit sichtbarem Vergnügen verfolgt. Thekla blies fröhlich über ihre Hände, die sich beim Beifallklatschen rötlich verfärbt hatten.

»Mir stinken diese Veitstänze«, sagte ich und hoffte, daß meine knappe und doppeldeutige Bemerkung die Wirkung einer Giftspritze erzielte.

»Veitstänze waren eine meiner besseren Erfindungen«, lächelte der Fremde ungerührt, »es war nicht ganz leicht, sie auf Kirchweihen und Jahrmärkten durchzusetzen. Aber ich gebe Ihnen recht, erotisch ist das Rückgrat noch lange nicht ausgereizt.« Er löschte das verbindliche Lächeln aus seinen Gesichtszügen und ersetzte es in Sekundenschnelle durch einen werbenden Ausdruck, mit dem er Thekla bedachte. »Der Schmerz ist die Quelle der Lust«, sagte er, »ein französischer Literat, ein guter Bekannter, der mir die Erkenntnis verdankte, daß in der Liebe zum eigenen Geschlecht nichts Böses liegt, hat dazu die treffliche Formulierung gefunden: ›Geheilt werden wir nur, indem wir unser Leid voll auskosten.‹ Schon die Wortwahl ›auskosten‹ erwies ihn nicht nur als Meister der Sprache, sondern auch als Virtuosen des Gefühls.«

Schon wieder so eine dummdreiste, unverständliche Prahlerei. Thekla waren die Lebensdaten von Marcel Proust genausogut bekannt wie mir. Zu seinem siebzigsten Todestag hatte sie mir ein Körbchen Gebäck geschenkt, von dem sie behauptete, es schmecke ›irgendwie nach Madeleine‹. Auch Thekla hätte also unseren Tischgast sofort und unerbittlich als Hochstapler bloßstellen können, doch die blaßblauen Augen meiner Bergkameradin strahlten nur erlöstes Einverständnis. Würde sie jetzt auf Nietzsche zu sprechen kommen? Nein, die beiden hatten sich literarhistorisch zurück zu Dostojewski bewegt und diskutierten, ob seelisches oder körperliches Leiden die Quelle unseres Bewußtseins sei. Thekla erwähnte einen »bisweilen stechenden Schmerz« in der oberen Nackenpartie sowie »periodische Versteifungen« in ihrer Schulter. Mit keiner Silbe hatte sie mir je zuvor von derlei physischen Schwächungen geredet. In jenem Augenblick ließ mich diese Erinnerung aber auch völlig ungerührt. Ich wartete nur darauf, daß sich der Fremde dazu bekannte, als Straßenbarbier dem russischen Schriftsteller den Bart gestutzt zu haben. Danach hätte ich mich verabschiedet. Leise klagend – vielleicht; kühl intellektuell – selbstverständlich; doch auf jeden Fall sehr überlegen.

»Von wem stammt eigentlich das schöne Bild, Sie wissen

schon, der Polarstern als der Wirbelstern?« fragte Thekla begierig den Fremden.

»Wir nannten ihn damals ›Würbelstern‹, um ganz exakt zu sein«, lautete die Auskunft, »niemand beharrte damals auf der korrekten Schrift, deshalb orientierten wir uns am Sprachgebrauch.« Der Fremde hüstelte. »Vergessen dürfen wir aber nicht, daß der Wirbel auch als Zeichen für das Brunftgeschehen verwandt wurde. Sterne und Brunft, welch enger Zusammenhang! Doch ich wollte Ihnen noch von Dostojewski erzählen. Vielmehr von seinem Bart. Er kräuselte sich auf eine äußerst bizarre Art, und wenn man die Schere anzusetzen versuchte, wurde unser lieber Dostojewski ganz starr …«

Ich beglich die Rechnung am Tresen und bestellte ein Taxi. Drei Stunden später lag ich in einem warmen, die Muskeln stimulierenden Kräuterschaumbad. Mein kleines Radio auf der Glasplatte mit den Achselpudern übertrug ein Konzert der hiesigen Philharmoniker. Natürlich Bruckner. Weit entfernt, irgendwo im Wohnzimmer, fiepte heiser das Telefon.

Erst im nächsten Monat, in unserer Stadt hatte bereits ein trüber Winter eingesetzt, traf ich Thekla wieder. In einer gekrümmten Seitengasse der Maximilianstraße liegt ein kleiner Dessousladen, den Kenner wegen seiner reichen Auswahl an exquisiten, aus Naturfasern gefertigten Knie-, Leib- und Rückenwärmern schätzen. Die Atmosphäre ist hier so diskret, daß selbst Kunden, die einander schon seit Jahren kennen, höflich beiseite blicken, wenn sie an der Kasse zusammentreffen.

»Ein Pagenschlüpfer ›single‹ und zwei Rockpants«, summierte die Verkäuferin, nannte einen Betrag und überreichte der Dame neben mir ein flaches, hübsch verschnürtes Päckchen.

»Nehmen Sie auch Kreditkarten?« fragte die Kundin.

»Thekla!« rief ich überrascht.

Ein vorwurfsvolles Räuspern der Kassiererin gemahnte mich an das hier so streng wie unausgesprochen obwaltende Gebot der Anonymität.

Erst als wir wieder im Schneematsch der Straße standen, konnte ich Thekla die Frage stellen, die mich seit Wochen bewegt hatte: »Was, um alles in der Welt, hat dich damals, nach unserer Bergwanderung, eigentlich an diesem befrackten Schwefelstinker in der Jodlerstube so fasziniert? War es vielleicht dessen formidabler Schwanz- oder sein Endwirbel?«

Thekla blickte auf das flache Paket, das sie unter ihren rechten Arm geklemmt hatte. »Du hast kein Recht, so verbittert von ihm zu sprechen«, antwortete sie sanft. »Schließlich hat er mir etwas geschenkt, was uns beide in Zukunft ganz nahe zusammenbringt. Nicht deine Eifersucht, die kannte ich auch schon vorher. Nein, er hat mich dazu gebracht, an meine eigenen Rückenschmerzen zu glauben. Sie ernst zu nehmen, als Herausforderung zu begreifen. Mich jeden Tag zu fragen: Was tue ich dem Wirbel an, und nicht umgekehrt, was tut der Wirbel mir an? In Zukunft werden wir vor dem Kamin sitzen und einander mit wärmenden Branntweinessenzen einreiben. Wir führen Gespräche über Rückenschulen und aufrechtes Treppensteigen. Über Kreativität und unbarmherzige Schreibtische. Über …«

Ein leichter Schneeschauer fiel auf uns herab, als ich Thekla vorsichtig in die Arme schloß. Gut möglich, daß die Straßenlaternen beifällig flackerten.

Abschied

»Und fühlen Sie sich jetzt subjektiv besser?« fragte die Psychotherapeutin, der ich von meinem Buch über das Rückenleid erzählt hatte.

Vor einem halben Jahr noch hätte ich unwirsch geantwortet, daß alle meine Empfindungen »subjektiv« seien, doch da der Akt des Schreibens mich so lange vor Schmerz bewahrt hatte, war ich milde gestimmt.

»Man muß abwarten«, sagte ich, »noch fühle ich mich frei von Beschwerden, aber der wahre Härtetest kommt erst im Herbst, wenn das Buch auf dem Markt erscheint. Sie können sich kaum vorstellen, wie sehr Verrisse den Rücken versteifen.«

»Buchrücken«, kam es zurück, »das ist interessant, sehen Sie vielleicht häufiger Ihr Buch und seinen Rücken in einer Traumverbindung?«

In letzter Zeit sitzt meine Psychotherapeutin mir gegenüber, wenn auch, wie sie es nennt, »leicht modifiziert«, damit wir beide – nach Maßgabe unserer jeweiligen Ich-Stärken – zur freischwebenden Aufmerksamkeit finden können. Angeblich entspricht diese Positionierung einem praktischen Hinweis von Sigmund Freud, mir ist die einschlägige Stelle aus des Meisters gesammelten Werken nicht vertraut. Andererseits habe ich mich einmal für einen Dokumentarfilm zum fünfzigsten Todestag des Begründers der Psychoanalyse auf seine berühmte Couch legen müssen, daher kann ich aus eigener Erfahrung sagen, daß Freud seine Patienten entweder bewußt quälen wollte oder daß es zu seiner Zeit noch keine Probleme mit Bandscheiben gab. Dieses in der Mitte durchhängende Möbelstück mit seinem pseudoorientalischen Bezug war eine Hinrichtungsstätte für die empfindliche Wirbelsäule. Wahrscheinlich, schoß es mir durch den Kopf, lag hier überhaupt der Ausgangspunkt späterer Komplikationen. Wenn die Ich-Stärke nach der Körperhaltung ermittelt werden kann, ist ein gewiefter Gemütskundler gut beraten, zunächst einmal den Zustand äußerster Demut herzustellen. Nichts ist dazu besser geeignet als eine Couch mit ausgeleierten Sprungfedern.

»Oder ein Nagelbrett?« dachte ich laut. In einem der Kapitel, die ich verworfen hatte, ging es um Weltreligionen und Rückenleiden. Meine schöne Freundin Nasrin hatte mir herrliche Formulierungen über das gebeugte Kreuz im Islam geschenkt. So sagt man im Arabischen zur Begrüßung »tasim«, was soviel bedeutet wie: Ich beuge mich vor dir. Unter dem Halbmond hat der Rücken nichts zu lachen. In anderen Religionsgemeinschaften natürlich genausowenig. Deshalb wurde aus dem Kapitel auch nichts Gescheites. Ein Zuviel an gutem Stoff behindert die meisten Autoren mehr als ein Zuwenig.

»Haben Sie an Ihre Kritiker gedacht, als Sie jetzt auf das ›Nagelbrett‹ zu sprechen kamen?« fragte die Therapeutin sanft und entschlossen.

»Keineswegs«, antwortete ich hastig, »eigentlich galten meine Überlegungen mehr der Herkunft des Wortes ›Religion‹. Das hat ja mit Bindung zu tun, jedenfalls im Lateinischen, und in meinem Zustand kommt man leicht von Bindung auf Bandscheibe. Nein, den Kritikern wird dieses Buch ziemlich egal sein. Es geht schließlich nicht um den großen deutschen Beziehungsroman. Herr Futt wird sagen, Dante habe den Rücken grotesker dargestellt, außerdem sei die Homosexualität in Frankfurter Pressekreisen mit keinem Wort erwähnt. Frau Upfelchen dürfte einzuwenden haben, daß sie sich in die Szene mit Pauline Wu nicht einfinden könne, weil sie in China andere Erfahrungen gemacht habe. Ich nenne diese Namen nur beispielhaft und aus der schwachen Erinnerung. Veröffentlicht wird meine Leidensgeschichte ohnehin nicht werden. Die *Süddeutsche Zeitung* fand das Thema ›nicht sonderlich aktuell‹, als ich ihr einen Vorabdruck anbot, und der joviale Redakteur vom *FAZ-Magazin* hat nicht einmal den Eingang des Manuskriptes bestätigt.«

Die Therapeutin blickte besorgt aus dem Fenster. »Kann es sein, daß Sie sich ein wenig wie ein Messias vorkommen? Wie ein unbeachteter und dennoch verfolgter Verkünder von Wahrheiten, die nur Sie erkannt haben? Verständlich wäre das schon, nach allem, was Sie in den vergangenen Jahren durchgemacht haben.«

So wie in ihrem letzten Satz hatte ich meine Therapeutin noch nie reden hören. In allen vorausgegangenen Gesprächen war es ihr stets darum gegangen, mir klarwerden zu lassen, was *ich* meinem Rücken zufügte, nicht umgekehrt, welches Leid *er* mir angetan hatte. Überrascht blickte auch ich aus dem Fenster, vor dem sich das nebeltrübe Murnauer Moor ausbreitete.

»Vielleicht bin ich ein wenig überempfindlich geworden«, gab ich zu. »Die Schmerzen sind ja praktisch verschwunden, doch in meinem Hirn reiben sich beständig die Assoziationen. Als mir mein Vater gestern von der Krümmung im Weltraum sprach, dachte ich spontan an meinen neuen Kummerbund. Selbst jetzt, wo Sie nur aus dem Fenster sahen, hat sich mir die Schlußzeile eines ganz besonders dummen Gedichtes von Heidegger aufgedrängt, welche lautet: ›… kniet sie entrückt im Moor‹. Enzensberger zitiert diese Stelle gern, wenn er sich über den Philosophen als Dichter lustig macht. Ich habe nicht mehr die geringste Ahnung, worum es in den anderen Zeilen geht, vermutlich um den Trüb- und Dunkelsinn aller Gedichte von Heidegger, aber trotzdem reagierte ich, als sei plötzlich eine Glühbirne über mir angezündet worden.«

Die Psychotherapeutin schlug ihre schönen Beine übereinander. »Wollen Sie damit ausdrücken, daß sich der Schwerpunkt Ihrer Wahrnehmungen einfach verlagert hat? Daß Sie Ihre Wirbel zur Kopfsache erklärt haben? Könnte es nicht sogar sein, daß Sie die Abwesenheit realer Schmerzen durch ein Gefühl der beruflichen Frustration ersetzen wollen – etwa Ihren merkwürdig ausgeprägten Haß auf Kritiker –, nur weil Sie sich an den Zustand des Verletztseins gewöhnt haben, ihn möglicherweise sogar zur Ich-Stärkung benötigen?«

Betrübt schaute ich wieder hinaus aufs Moor. Bei diesen virtuosen Gedankenspielen hat der Patient nie eine echte Chance.

»Kann ich nicht einfach beides haben«, versuchte ich es dennoch. »Ich meine: keine körperliche Pein *und* mein Abscheu vor dummen Kritikern?«

Wenn meine Psychotherapeutin ihre Beine kreuzt, erzeugen die seidigen Strümpfe das Geräusch eines zarten Seufzers. Diesmal klang er wie ein gehauchter Vorwurf.

Man muß dazu vielleicht erklären, daß unsere Beziehung meinerseits durch Hingabe gekennzeichnet ist, ihrerseits offenbar durch eine Überschätzung meiner intellektuellen Fähigkeiten. Da können Enttäuschungen natürlich nicht ausbleiben. Die Psychotherapeutin wurde mit der ihren vor mir fertig.

»Sie müssen sich darüber klarwerden«, sagte sie hastig, »daß Sie über einige Jahre schrecklich gelitten haben, manchmal erschienen Sie zu unseren Verabredungen wie ein Krüppel. Ihr ganzes Leben stand unter dem Zeichen des physischen Verbogenseins. Gestern habe ich noch einmal in meinen Protokollen geblättert, es war so auffällig, wie Sie sich assoziativ zwischen Sitzarten und Skispringen, Sexualverkehr und Motorsport bewegten, in allem witterten Sie einen Feind. Einen Feind allerdings, mit dem Sie es stets aufnehmen konnten. Nie haben Sie sich niederdrücken lassen. Ich kenne nicht die neuesten anatomischen Befunde Ihrer Wirbelsäule, aber seelisch, wenn ich das einmal so altmodisch sagen darf, stehen Sie im Augenblick wie ein Held vor mir.«

Natürlich stand ich nicht, ich saß. So ermunternd hatte seit langem niemand mehr mit mir geredet. Vorwürfe war ich gewohnt, Ermahnungen, mein Leben sanfter, funktionstüchtiger, moralisch einwandfreier zu gestalten. Keine dieser Ermahnungen war je von einem ermunternden Lob begleitet gewesen. Ich trug ganz allein an meiner persönlichen Erbsünde, ohne je eine Eva benennen zu können, die einen Teil der Schuld mit verantworten würde. Und dann, jetzt, diese Erlösung.

Doch merkwürdig, nachdem die Anerkennung ausgesprochen worden war, fühlte ich mich seltsam allein gelassen.

Trotzige Abwehr stieg in mir hoch. Ich witterte nämlich eine Strategie, die ich meiner Psychotherapeutin nie zugetraut hätte. In den entsprechenden Lehrbüchern findet man sie unter dem Stichwort »paradoxe Intervention«, gemeint ist damit zum Beispiel, daß ein gescheiter Arzt seinem Patienten nicht widerspricht, falls dieser sich ihm als Napoleon vorstellt, sondern sein tiefes Mitgefühl für die Niederlage bei Waterloo ausdrückt und auf die Probleme von Leibschneiden unter Staatslenkern zu sprechen kommt. Wenn alles klappt, hält der Patient seinen Doktor für gestört und sich für einen Irrenarzt, was allgemein als Heilerfolg verbucht wird.

Wollte meine Therapeutin mich glorifizieren, um mir die Absurdität meiner Klagen zu verdeutlichen, oder wollte sie mich wenigstens als Rückenpatienten behalten, damit ich nicht in den Wahn abglitte, von den Kritikern des deutschen Feuilletons verfolgt zu werden?

Das düstere Moor von Murnau wußte auch darauf keine Antwort. Schweigen breitete sich aus. Ich dachte an meine Erbsünde.

»Ich habe nie von Eva gesprochen, weil die Beschwerden der Lendenwirbel eine reine Männerangelegenheit sind«, sagte ich schließlich. »Wahrscheinlich muß man das im übertragenen Sinn verstehen.«

»Sie haben nie eine Eva erwähnt«, antwortete die Therapeutin, »sehen Sie sich eigentlich bei dem Wort ›übertragen‹ in einer Art Christophorus-Rolle?«

»Ich habe nie von Eva gesprochen«, wiederholte ich meinen Satzanfang, »denn es entspricht meiner festen Überzeugung, daß nur Frauen, die bewußt oder unbewußt eine traditionell männliche Haltung zu erlangen suchen, unter

Symptomen leiden, die nie für sie erfunden wurden. Der Mann muß sein Gemächte schützen, deshalb hat er langsam begriffen, warum der nach vorne gekrümmte Rücken so wichtig ist. Gut, auch die Frau verfügt über schützenswerte Güter, wenn es um die biologische Reproduktion geht. Doch schon die geschlossene weibliche Beinschere kann mehr abwehren als die männliche Krümmung. Der Mann, wie er aufrecht konzipiert wurde, ist gegenüber einem entschlossenen Tritt in die Leistengegend schlicht hilflos. Und niemand kann mir erzählen, daß die Biologie auf diesem Gebiet nicht schon eine sehr geschickte Auswahl getroffen hat. Selbstverständlich zeugen Rückenpatienten laut allen verfügbaren Statistiken weniger Kinder als die Kohorte der Unangegriffenen. Doch dabei handelt es sich allein um eine der vielen Listen der Vernunft. Wir zeugen doch nur noch eingeschränkt, in bewußter Verdrängung aller möglichen Folgen.«

Die Therapeutin öffnete das Fenster, ein ständig verläßliches Zeichen dafür, daß die Sitzung vor ihrem Ende stand. »Fürchten Sie sich immer noch vor jenen Frauen, die Sie mir als ›stark‹ beschrieben haben und mit denen Sie nur zurechtkommen, wenn sie in Ihrer Literatur auftreten?«

Der kalte Zug um meine Lenden ließ mir für die Antwort bloß einen kurzen Moment. Ich dachte an Antje und Daphne, an Keto und Ursel, an Barbara und an Ingrid. Der dumpfe Geruch des Regens, der draußen herabrieselte, erinnerte mich entfernt an mein Rasierwasser: Beide hatten mit dieser Situation nicht das geringste zu tun, außer vielleicht, daß sie sich verschworen hatten, mir ein Gefühl von Wehmut und von Abschied zu vermitteln.

»Das war schon ganz in Ordnung mit den Rückenschmerzen«, sagte ich, nachdem ich der Therapeutin die Hand geschüttelt hatte, »ganz sicher hatten Sie auch recht, als Sie mir empfahlen, Kritiker weniger ernst zu nehmen als den *iliolumbalis*. Immerhin habe ich gelernt, daß meine wahre Stärke im Klagen besteht.«

»Vielleicht ist Ihnen tatsächlich geholfen«, erwiderte die Therapeutin zum Abschied.

Register

Ben Schott

Schotts Sammelsurium –
jetzt auch in der Geschenkbuchedition

Ben Schott
Schotts Sammelsurium

Ben Schott ist ein Sammler von (scheinbaren) Nutzlosigkeiten: von kuriosen Statistiken, Klassifikationen, Hierarchien, Kategorien, Formaten, Bezeichnungen, Zitaten, Fachausdrücken, Namen, Definitionen, Abkürzungen, Größen, Symbolen, Phobien, Nomenklaturen und vielen anderen Merkwürdigkeiten. Ein Gemeinplatz, ein Potpourri, ein Mischmasch, ein Lexikon, ein Vademekum, ein Sammelsurium.

»Dieses Buch braucht jeder.« *Die Welt*

»Ein wirklicher Glücklichmacher.« *FAZ*

Berliner Taschenbuch Verlag
Weitere Informationen: www.bloomsbury-verlag.de

KIMBERLY WITHERSPOON
ANDREW FRIEDMAN (Hg.)

KULINARISCHE KATASTROPHEN WELTBERÜHMTER KÖCHE

HANS HALTER

Leben und letzte Worte berühmter Frauen und Männer

ICH HABE MEINE SACHE HIER GETAN

NIALL EDWORTHY
PETRA CRAMSIE

Ein Wegweiser zur Zuversicht

HANDBUCH FÜR OPTIMISTEN

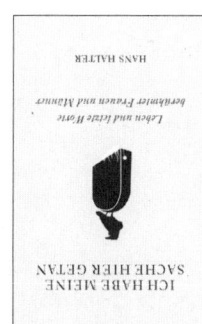

WOLFRAM EILENBERGER

PHILOSOPHIE FÜR ALLE, DIE NOCH ETWAS VORHABEN

BEN SCHOTT

SCHOTTS SAMMELSURIUM

Weitere Geschenkbücher bei BvT